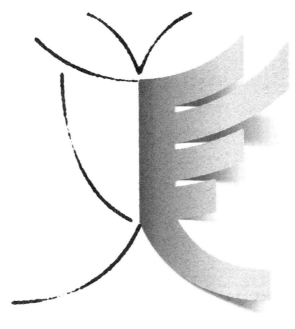

熊芳芳 著

语文审美教育12讲

大夏书系·语文之道

华东师范大学出版社
全国百佳图书出版单位

图书在版编目（CIP）数据

语文审美教育12讲/熊芳芳著.—上海：华东师范大学出版社，2018
ISBN 978-7-5675-8266-8

Ⅰ.①语… Ⅱ.①熊… Ⅲ.①中学语文课—教学研究 Ⅳ.①G633.302

中国版本图书馆CIP数据核字（2018）第204675号

大夏书系·语文之道

语文审美教育12讲

著　　者	熊芳芳
责任编辑	卢风保
封面设计	奇文云海·设计顾问
出版发行	华东师范大学出版社
社　　址	上海市中山北路3663号　邮编　200062
网　　址	www.ecnupress.com.cn
电　　话	021-60821666　行政传真　021-62572105
客服电话	021-62865537
邮购电话	021-62869887　地址　上海市中山北路3663号华东师范大学校内先锋路口
网　　店	http://hdsdcbs.tmall.com
印　刷　者	北京季蜂印刷有限公司
开　　本	700×1000　16开
插　　页	1
印　　张	14.5
字　　数	206千字
版　　次	2018年11月第一版
印　　次	2021年10月第三次
印　　数	8 101-10100
书　　号	ISBN 978-7-5675-8266-8/G·11449
定　　价	42.00元
出版人	王　焰

（如发现本版图书有印订质量问题，请寄回本社市场部调换或电话021-62865537联系）

语文审美教育12讲

审美的语文课堂才、思、情、趣和谐统一，学生置身于春风化雨之中，怡情养性，储善求真，享受成长的快乐，镌刻下终生难忘的芬芳记忆！

——一名老童之年的老教师

于漪

2018年8月30日

目录

序一　语文的芬芳 /1
序二　"教我灵魂歌唱" / 5
前言　从"以丝播诗"到"巴洛克" /13

第1讲　审美教育综述

> 审美教育本来是语文教学的核心价值。当教育的审美功能被消解，主体也会随之被消解，因为教育的核心价值之一就是藉审美之途来安顿主体的此岸生存。

一、审美教育的诞生与中西比照 / 3
二、近代美育的发展与概念内涵 / 6
三、语文教学中的审美教育实践 / 10

第2讲 解读审美意象

> 审美意象是需要交流和共鸣的,它期待着阅读主体的感同身受,每一位阅读主体对于审美意象的理解与接受都是一种再创造,一种创造性还原。

一、解读诗歌中的意象 / 16

二、解读散文中的意象 / 23

三、解读小说中的意象 / 27

四、解读戏剧中的意象 / 30

第3讲 丰富审美体验

> 应让学生有机会通过各种各样的方式拓展自己的生命空间,丰富自己的生命内涵。个体生命要发展,就必须有丰富的体验。体验的过程不仅仅是学习的过程,还是一种生命成长的历程。

一、直觉体验 / 38

二、认同体验 / 40

三、反思体验 / 43

第4讲　激活审美情感

> 在对文学作品进行审美观照时，情感的力量促使读者欣赏生命之美，领悟生命之思，感受生命本身的动态过程，也促进读者自身的生命成长。所以，语文教学必须从涵育主体心灵、丰富主体情感出发。

一、情境的精心营造 / 50

二、提问的巧妙设计 / 51

三、文本的深度解读 / 52

四、材料的类比拓展 / 54

五、活动的创意策划 / 56

第5讲　文学语言鉴赏

> 破译文学文本的语言密码，实质上就是追寻作家的情感轨迹，解读作家的"自我意识"，并与之碰撞共鸣，交流融合。文学语言是创作主体言语活动的诗性结晶，带有审美的特质。

一、探究语言规律 / 63

二、选择教学方法 / 84

第6讲 培养审美思维

> 审美思维是主体对具有审美价值的客体所作出的能动反应。语文教学中的审美思维是文学阅读和文章写作的一种理解和认知方式,是内化了的个体精神图式。

一、知识与感悟——审美经验的生长 / 97

二、理式与判断——审美规律的习得 / 101

三、词语与言说——审美情感的演绎 / 108

第7讲 完善审美个性

> 个性是个体生命的本质所在,是独立的人格、独特的生理心理和创造性思维能力。每个个体生命都是唯一的,不可替代的。审美个性的参差多态正是人类幸福的本源。

一、偏见与明识 / 114

二、自由与限制 / 116

三、独立与和谐 / 121

第 8 讲　提升创美能力

> 审美教育的终极目标是创造美。语文教学中的审美教育，不仅要培养学生感受美和欣赏美的能力，更要提升学生表现美、创造美的能力。

一、养护心灵的敏感性 / 126

二、尊崇心灵的自发性 / 128

三、保持心灵的独创性 / 130

四、提升心灵的交互性 / 132

五、促进心灵的整合性 / 133

第 9 讲　文学经典审美

> 那些蕴藏着丰富的思想和情感，富有个性化和原创性艺术技巧的经典作品，具有持续可读性，不论是思想内涵还是表现形式，文学经典都有其独特的深刻性和复杂性，是快餐读物无法媲美的。

一、对人性的忠诚度 / 135

二、对个体的关注度 / 137

三、与道德的距离感 / 138

四、对文化的理解度 / 140

五、对时代的超越性 / 142

六、对现实的干预性 / 144

七、对主题的包容度 / 146

第10讲　日常生活审美

> 尼采曾大声疾呼:"只有作为审美现象,生存和世界才是永远有充分理由的。"如果日常生活缺失了审美,或者说如果我们不善于把日常生活转化为审美现象,我们的生存世界就会变成一地鸡毛,令人厌倦麻木,毫无生机动力。

一、日常生活审美之必需 / 150

二、日常生活审美之可能 / 152

三、日常生活审美之方法 / 156

第11讲　社会生活审美

> 社会生活审美和文学艺术审美是不一样的(前者注重"善",后者注重"美"),社会生活审美和日常生活审美也不一样(前者注重"关系"且有普适性的价值标准,后者个体多元并存且没有普适性的价值标准)。

一、献身伦理 / 162

二、热爱劳动 / 164

三、享受交往 / 165

四、善待缺陷 / 167

五、拥抱偶然 / 168

六、承担使命 / 170

第12讲　影视艺术审美

> 影视欣赏进入语文课堂并非标新立异，甚至不是他山之石——影视艺术本身就与语文密不可分。优秀的影视作品能以其得天独厚的优势，带给学生强烈而丰富的审美体验，有助于提升学生的感受力，培养学生的思维力。

一、画面审美 / 176

二、叙事审美 / 184

三、人物审美 / 190

四、情蕴审美 / 192

五、台词审美 / 195

序一 PREFACE

语文的芬芳

熊芳芳又要出版新书了。她索序于我，我婉言回绝再三，但她不依不饶。

我告诉她，我只为新教育老师写序。她说，她也是在新教育阵营中成长起来的。

我告诉她，我真的不懂语文。她说，我的"阅读改变人生"就是"最语文"的。

总之，我有多少理由回绝，她就有更多理由坚持。

我不再坚持。我暗中想用拖延的办法不了了之。

她也不动声色，隔三岔五告诉我：书稿的PDF文件给我发来了；于漪老师的题词到了；潘知常先生的序言写好了；哪里有新教育的公益培训，她想做志愿者……

我心知肚明，她是"打迂回战"。不得已告诉她，文债甚多，需要一点耐心。她告诉我：等。

我只好让步。

我不再坚持，主要是被她感动了。我知道，在语文教学界，她已经是当之无愧的名师了。她的著作已经很多，从《生命语文》《语文不过如此》《语文：生命的，文学的，美学的》到《高考微作文》《高考大作文》《生命语文课堂观察》，都是不小的部头，于漪、孙绍振、曹文轩、王开岭、王尚文、潘知常、潘新和、刘亮程等知名学者都为她的著作写过推荐文字，也不缺我这一篇。她的荣誉也已经很多，从首届"全国文学教育名师"、首届全国中语"十佳教改新星"，到百度优课年度优秀讲师、2018"阅读改变中国"年度点灯人等等，也不需要我更多地赞誉。

我不再坚持，也是因为在看了她的书稿以及潘先生的序言之后，的确有些话要说。

我对语文有一种特殊的感情，不仅仅因为在中小学就特别喜欢语文课，更因为语文在我心中的位置。我曾经问过自己，如果学校只能够开一门课，最应该保留什么科目呢？我自己的答案是语文。因为，语文是离生活与生命最近的科目。

新教育主张，让知识与师生的生活和生命产生深刻的共鸣，语文是最能够也最应该做到的。

熊芳芳的第一本书《生命语文》出版的时候，我题写了"生命语文"四个字放在扉页。当时我就想问，为什么不叫"生活语文"呢？是不是我们的一些语文老师和专家，总觉得生活是肤浅的、琐碎的，生命才是高雅的、珍贵的呢？语文的工具性天生就比语文的人文性低一等吗？听说读写作为语文教育的最基础功能，不是实现人文性最直接、最便捷的路径吗？

我曾经说过，语文教育首先就是要把听说读写的事情做好。因为，语文首先就是要把语言和文字、文学的根底夯实。听说读写虽说是工具性的，但哪一样同时又不具有人文性？

现在的语文是不太管"听"这件事情的。其实，"听"恰恰是一门大学问。儿童最初就是依靠"听"认识了周围的世界，学会了语言，学会了观察，学会了交流。用心聆听，把握要领，是现代人不可或缺的基本素质。"听"，是对人的尊重。现在许多人与人交流时心不在焉，或者看手机，或者旁若无人地讲话，这些当然也是违背基本的"审美"要求的。

现在的语文也是不太管"说"这件事情的。甚至，我们许多学校经常不允许孩子随便说，不允许他们自由地表达自己的意见与主张。其实，"说"也是一门大学问。如何清晰地表达自己的思想、陈述自己的故事，如何根据不同情景、不同对象及时调整自己"说"的内容，不是一件简单的事情。"说"，是人的沟通和表达能力的基础，也是写作能力与思维能力训练的重要基础。新教育有一些相关课程，如"听读绘说"等，都是把"说"作为一种重要的能力特别给予关注的。其实，说得精彩，本身也是一种美，与语文教育的审美也是有着非常密切的关系的。

现在的语文开始关注"读"了。一方面是书香校园的理念逐步深入人心，另一方面也与高考改革更加重视阅读有关。但是，必须承认，我们离阅读的理想状态还有很大的距离，无论是阅读内容还是阅读方法的研究都是非常不够的。语文教育也更多的是教大家深耕范文、精读课文、反复练习，对于真正的广泛阅读、自由阅读、整本书共读等问题，关注还是非常不够的。只有当我们的学生在离开学校以后仍然具有良好的阅读兴趣、阅读习惯与阅读能力，阅读已经成为他们的生活方式，才能算是阅读教学的真正成功。阅读当然不仅仅是工具性的，语文教育的人文性和审美性，主要是通过阅读来汲取营养的。

现在的语文对"写"的重视，基本只是围绕考试展开。如果仅仅把"写"与考试联系起来，或者仅仅把写作视为人文学科的事情，便大大窄化了"写"的内涵，缩小了"写"的功能。我曾经说过，写作的人，是文字的魔术师，是伟大的观察家，是深刻的思想者，是历史的创造者。真正的思考是从写作开始的。审美能力的培养，人文精神的培养，离开了写作，恐怕会成为无本之木、无源之水。

我很赞同熊芳芳所说，人类的一切活动都应以谋求人类自身的幸福为目的。新教育实验的宗旨，就是让师生"过一种幸福完整的教育生活"。但是，我不赞成把语文教育的手段、工具、载体，跟情感、内容、意义分而言之。语言与文字、文学，与思想、价值、情感是不可分割的。而且，真正的语文教育必须从听说读写这四种最基本的能力做起。把这些事情做好了，做实了，做深了，自然会"引导生命向善、求真、审美",自然会让我们的孩子抵达理想的彼岸。其实,向善、求真、审美并不只是语文教育的目标,也是所有教育的共同指向。

熊芳芳是一位学者型语文教师。我看过她的读书清单,不仅数量多,而且内容广,涉及哲学、美学、文学、教育学、心理学等诸多方面。所以,她的著作总是能够条分缕析,把握问题的本质,追溯事物的本源,总是力求情理交融,具有审美的魅力。

当然,熊芳芳不是一个学究。她对生活的热爱,对教育的热爱,对学生的热爱,与她对理论的热爱相比毫不逊色。在苏州工作的时候,我曾经多次去过她所在的学校,多次与她教的学生交流。尤其是她教授的内地新疆班学生,给我留下了深刻印象。她在苏州新区一中时的学生、北京大学的达吾力江在中央电视台举办的《中国成语大会》中,从3万多名选手中脱颖而出,晋级全国12强。

她的学生对她的语文教学也介绍得如数家珍:她经常将学生的作品按专题汇编成册,设置阅读导航,供班与班之间交流;或为优秀作文配上音乐、图片,制成PPT,在全班播放评讲;或把学生作文当中精妙的句子或段落打印出来,编辑成精彩语录进行展示……

读过熊芳芳的好几本书。有的书更接近学术著作,如大家手中正在阅读的这本;有的书更注重应用实战,如她的《高考微作文》和《高考大作文》。她在理论与实践之间穿梭而行,但无论是哪一种书,都能够让人感觉到她对语文的爱,对生命的爱。正是由于这种爱,在她的语文教育中,在她的语文课堂里,语文是有味道的,是满满的清香与芬芳。

感谢熊芳芳,让更多孩子感受到了语文的芬芳。

朱永新
于北京滴石斋
2018年9月10日教师节初稿,9月13日改定

序二 PREFACE

"教我灵魂歌唱"

现在回想起来,应该是十几年前的事情了——那是一次为南京的中学语文教师所作的讲座,我一开始就说道:对于语文老师,我"有一种特殊的亲切之感"。因为在我的成长过程中,语文老师,似乎是命中注定,也似乎是冥冥中的庇护,竟然是一直都在伴随着我——从小学到初中,再到高中,我的班主任都是语文老师。而且,其中有几位,还是散文作家或诗人。也许就是因为这个原因,我一直认定,语文教学在我的生命历程中实在是至关重要的,也实在是不可取代的。进而,我认定语文教学在每个人的生命历程中都实在是至关重要的,也实在是不可取代的。因为它是人生中不可或缺的关于尊严、关于自由、关于审美的一门课程。后来,这次讲座被收录在我的《我爱故我在——生命美学的视界》一书中,题名为:《文学的理由——我爱故我在》。

可是,也存在着小小的遗憾。也许是因为语文教学一直都是我生命历程中的重要支持,还因为我自己也是大学中文系毕业,再加上毕业以后又长期在中文系任教,因此在我的女儿的学习中,对于语文教学的重视,对于我而言,无疑就是不言而喻的。可是,在我踌躇满志地展开对女儿的辅导计划的第一天,就遭遇到了莫名的苦恼。因为我女儿的语文学习都是以有标准答案的考试为目标的。我很快就发现,自己的专业不但毫无用武之地,而且还很可能会对她的学习造成不必要的干扰。最终,我只有悻悻而退。

心有不甘的我从此开始留心当今的语文教学。于是,我痛心地发现:现在的语文教学早已不同于以往。在某种程度上,我甚至想发一浩叹:我们的语文教学已经没有了灵魂。

应该仍旧是在十几年前的那次讲座上,我曾经冒昧地提出,关于文学"何谓"与文学"何为",当然众说纷纭,但我们不妨为之做一个减法,把它的"何谓"与"何为"都减到无可再减的地步。因为只有这样,我们才能够发现文学之为文学的最根本的所在,或者,我们才能够发现文学之为文学的最后的尊严。

无疑,一旦我们这样去做,效法老子那样的"损之又损",应该立即就会发现:文学,应该是人类灵魂的歌唱,或者说应该是人类"灵魂的香味"(罗曼·罗兰语)。文学之为文学,一定是立足于人类的灵魂,也一定是从人类灵魂出发的。正是因此,龙应台才会意味深长地告诫:文学,就是"使看不见的被看见"。什么是"看不见的"呢?当然是"灵魂"。怎样才能够"被看见"呢?当然是通过文学。这就正如大卫·埃尔金斯的由衷感言:"当我们被一首曲子打动,被一首诗感动,被一幅画吸引,或被一场礼仪或一种象征符号感动时,我们也就与灵魂不期而遇了。"因此,正是文学,犹如"心灵的体操","矫正我们的精神、我们的良心、我们的情感和信念",也犹如"一面镜子,你在这面镜子面前能看见你自己。同时,也能知道如何对待自己"(苏霍姆林斯基语)。因此,才使得人类得以有效地从动物的生命中剥离而出,并且通过重返自由存在的方式,"把肉体的人按到地上"(席勒语),"来建立自己人类的尊严"(康德语)。

我一直感动于英国作家西雪尔·罗伯斯的一次感动。那一次，他看到了一个小女孩留在墓碑上的一句话："全世界的黑暗也不能使一支小蜡烛失去光辉。"我猜想，西雪尔·罗伯斯一定是想大发感慨，因为他一定是联想到了他所钟爱的文学。他一定是想说：文学，就正是这样的永远不会"失去光辉"的"一支小蜡烛"！我也一直感动于乌克兰作家爱伦堡的一次感动。当他面对司汤达的小说《红与黑》的时候，他说："假如没有这本书，我真难以想象，伟大的世界文学或我自己渺小的生命是怎样的。"这一次无须猜想了，在爱伦堡心目中，《红与黑》一定就是文学的象征，而且，文学也一定是再重要不过了，否则，它又何以能够拯救"自己渺小的生命"？

由此，就要说到语文教育。顺理成章，既然文学是灵魂的歌唱，我们的语文教育自然也不能是别的什么，而只能是"教我灵魂歌唱"。"教我灵魂歌唱"，是英国著名诗人叶芝的诗句，他把作家称为"教我灵魂歌唱的大师"。同样是英国著名诗人的奥登，则在《悼念叶芝》一诗中阐释说："在他岁月的监狱里／教自由人如何赞颂。"显然，"教自由人如何赞颂"，就是"教我灵魂歌唱"。而且，只要我们知道奥登本人甚至专门把这一句话刻在了自己的墓碑上，也就不难领悟这句话的意义和价值了。

遗憾的是，这一切，在我们的语文教育中，却恰恰是最为薄弱的环节。我经常感叹：在中国，传统的教育是"课堂"与"中堂""祠堂"的统一（犹如西方是"课堂"与"教堂"的统一），也就是"知识学习"与"人文教育"的统一，而在当今"中堂"与"祠堂"都已经退出了教育舞台的情况下，我们的语文教育，就亟待肩负起"课堂"与"中堂""祠堂"的使命，也就是亟待肩负起"知识学习"（"课堂"）与"人文教育"（"中堂"与"祠堂"）的使命。然而，现在的实际状况却是，我们的语文教育存在着明显的失职。由此（当然，其他各科的教育也不同程度地存在着类似问题，因此，应该说不仅止于"此"）导致的后果则恰恰与人们有目共睹的现象直接相关：有知识却没有是非判断力、有技术却没有良知的精致的利己主义者已经出现，他们都患有人类文明缺乏症、人文素养缺乏症、公民素养缺乏症……

此情此景，让我想起安东尼奥尼的电影《云上的日子》中的一个细节：几位抬尸工将尸体抬到一个山腰上之后，却莫名其妙地停下不走了。于是，雇主过来催促。工人们的回答是："走得太快了，灵魂是要跟不上的。"那么，我们的语文教育是否也"走得太快了"？是否也亟待去反省"灵魂是要跟不上的"的问题？

同时引起我的联想的，还有爱因斯坦当年对于人类的教育现状的忧思：我们的教育是培养"一只受过很好训练的狗"，还是培养"一个和谐发展的人"？我们是否亟待将现在的教育模式变为培养"一个和谐发展的人"的教育模式，以及英国著名学者汤因比提倡的与"与灾难赛跑"的教育模式？留什么样的世界给后代，关键在于留什么样的后代给世界。很显然，对于教育目标和模式的反省，已经成为了全世界的默契。那么，与全人类的对于教育现状的反省同步，我们的语文教育是否也亟待去认真反省这一问题？毕竟，我们的语文教育要培养的应该是"一个和谐发展的人"。

令人欣慰的是，芳芳老师的大作《语文审美教育12讲》，正是对于这个问题的及时回应。在嘱我写序的时候，芳芳老师曾经告诉我：这是她应邀在核心期刊、全国中语会会刊《语文教学通讯》撰写了为期一年的"审美教育"专栏的结集。而我在认真阅读之后发现：这确实是一本呼吁语文回到语文、"教我灵魂歌唱"的佳作。

有感于语文教育的现状，芳芳老师指出：审美教育本应是语文教学的核心价值，但是现在语文却被我们仅仅当成了工具，由此，我们失去的不仅仅是语文本身的价值，还有教育本身的价值，更为可悲而且可怕的是，我们最终失去的还有"人"，还有"美"。也因此，芳芳老师毅然宣称："我们要经由情感走向灵魂，要从'以丝播诗'走向'巴洛克'，也就是说，从情感的熏陶走向灵魂的洗礼。"于是，围绕着"语文审美教育"，她把自己多年来从事语文教学实践的所愿、所感、所思、所为加以概括、总结，从审美教育综述、解读审美意象、丰富审美体验、激活审美情感、文学语言鉴赏、培养审美思维、完善审美个性、提升创美能力、文学经典审美、日常生活审美、社会生活审美、影视艺术审美等12个方面，犹如"庖丁解牛"，纵横捭阖，条分缕析，古今中外，娓娓而谈，不仅见解独到，而且观念新颖，理论与实践相结合，基础研究与应用研究相结合，字里行间浸透着实践性、学术性、启迪性和前瞻性。其中，对于具体文本的剖析更是功力深厚，既熟稔于心又博学多识，具有极强的穿透力……一遍读完，我不禁拍案而叹：这实在是一份来自三尺讲台的原汁原味的审美教育报告，珍贵、真实、真诚。不难想象，她和她的学生在语文课堂上，分享的是何等丰盛的美的饕餮大餐。

更为重要的是，在我看来，这还是一本认真研究语文如何回到语文以及如何"教我灵魂歌唱"的佳作。怀特海指出："艺术提高人类的感觉。它使人有一种超自然的兴奋感觉。夕阳是壮丽的，但它无助于人类的发展因而只属于自然的一种流动。上百万次的夕阳不会将人类推向文明，将那些等待人类去获取的完善激发起来，使之进入意识，这一任务须由艺术来完成。"但是，应该怎样去完成？无可讳言，这仍旧是一个严峻的问题。令人欣慰的是，芳芳老师以自己丰富多彩的语文教学实践以及认真深入的研究工作，为我们提供了切实可行的方案。显然，芳芳老师不仅是一位优秀的"教学型教师"，而且还是一位优秀的"科研型教师""学者型教师"，她有勇气直面如此艰深的问题，且有智慧地予以驾轻就熟的解决。

另外值得一提的是，芳芳老师的"语文审美教育"研究与她所提倡的"生命语文"的渊源。

而今想来，我跟芳芳老师的结识，应该是在八年以前。当时，我还在澳门科技大学兼职，负责人文艺术学院的管理工作。而芳芳老师所首倡的"生命语文"研究也正好进入了探索与发展的"瓶颈期"，就在这个时候，她十分惊喜地看到了我的专著，并且借此了解到了我的"生命美学"。"生命美学"，从此推动了她的深入思考和创新实践。也正是因为这个缘故，芳芳老师曾经邀请我为她的专著《生命语文》写封底推荐，作为鼓励，我欣然写下了这两句话："熊芳芳老师提倡的生命语文与我提倡的生命美学十分一致，我仔细看了她近年来的语文教学探索，非常欣赏。生命进入语文，灵魂进入语文，同时，语文也进入生命，语文也进入灵魂，熊芳芳的'生命语文'让语文真正成为语文，令人振奋，更令人欣慰。"

十分可喜的是，时至今日，芳芳老师首倡的"生命语文"已经蔚为大观，不但已经陆续出版了多部专著，而且在语文界颇具影响。现在，"生命语文"又走向了审美教育的研究，可谓"生命语文"的突破，也堪称"生命语文"的深化和细化。在"生命"与"语文"之间，审美教育成为一座桥梁。奥登曾自陈心迹说，他的理想，就是借助于文学，"在生命之树上为凤凰找寻栖所"，"靠耕耘一片诗田／把诅咒变为葡萄园"。陀思妥耶夫斯基终其一生念念不忘的是要"培养起自己的花园"："尘世的许多事情我们不能理解，但我们被馈赠了一种神秘的感受：活生生的与另一个世界的联系。上帝从另一个世界取来了种子种在尘世，培养起自己的花园，使我们得以与那个世界接触。我们的思想与情感之根不在这里，而是在那个世界中。"我猜想，这应该也是力主"生命语文"的芳芳老师的初心！她犹如人类的盗火者丹柯，举着自己燃烧的心，引导学生前行。"语文审美教育"就是她所精心培养的"自己的花园"，她的目标无疑是要在"语文审美教育"的"生命之树上为凤凰找寻栖所"，并且，"靠耕耘一片诗田／把诅咒变为葡萄园"。

我们知道，人的成长与动物的生长不同。动物的生长旺盛期是胚胎期与童年，后期就呈递减趋势。因此我们不妨说，动物的生长基本是在"子宫内完成的"。人却截然不同，从零到16岁，要经历两个生长高峰。第一个是在出生的最初一年，在这一年里，他的大脑总量可以达到类人猿的三倍，但随后就是2岁到9岁的缓慢增长。第二个高峰，会在10岁到16岁之间出现，而且速度是过去的两倍。由此，我们不难发现，人的生长主要是在"子宫外完成的"，文化教育，尤其是审美教育，就堪称"子宫外的子宫"——"人类的子宫"。其中，最为关键的恰在10岁到16岁之间。而芳芳老师每天所要面对的，就正是十几岁的风华少年。无疑，我们因此更当对芳芳老师所首倡的"生命语文"以及孜孜以求的"语文审美教育"刮目相看，并且给予足够的重视。

值得回忆的，还有"生命美学"与"生命语文"的特殊渊源。熟悉我的人都知道，在学术界我始终都在提倡的是"生命美学"。早在1985年，在还是一个初出茅庐的年轻大学教师的时候，我以一篇《美学何处去》开局，揭起了"生命美学"的旗帜。而今，毋庸讳言，"生命美学"已经枝繁叶茂，初具规模，而且在学术界也已经有了众多的同行者，不过令我们所有的"生命美学"的同行者都十分开心的是，在中学语文教育的领域，我们也有幸寻觅到了自己的同行者，这当然就是芳芳老师。"嘤其鸣矣，求其友声"，芳芳老师的出现，使得"生命美学"不仅有了理论的坚实支持，更有了践行的先锋部队。也因此，在近年来国内关于"生命美学"的多次讨论中，芳芳老师的每次出场，都难免会给人以"惊艳"之感，并令其他美学流派的学人艳羡不已。当然，芳芳老师也确实不负众望。例如，芳芳老师在《语文教学通讯》发表的题为《生命美学观照下的语文教育》的大作，被人大复印报刊资料《高中语文教与学》2016年第8期全文转载，人大复印报刊资料《高中语文教与学》2017年第4期中年度总结之作《高中语文教学研究2016年度综述——基于〈复印报刊资料•高中语文教与学〉论文转载情况的分析》也以大量篇幅多次引述芳芳老师对于审美教育的观点。不过，作为颇具影响力的"生命语文"的首倡者，芳芳老师又始终谦虚地把"生命美学"与"生命语文"联系在一起，努力倡导"生命美学关照下的语文教育"，在我看来，这实在是"生命美学"的光荣。作为美学研究中的一个重要流派，"生命美学"是迫切需要走向审美实践，也是迫切需要审美实践的印证的。也因此，其实反而是我们所有的"生命美学"的同行者都应该对芳芳老师首倡的"生命语文"道一声"感谢"。因为，正是芳芳老师的来自审美教育实践一线的"生命语文"，使得"生命美学"不仅"顶天"而且"立地"，"生命美学"之树也因此而常青。

最后，在行文即将结束的时候，循旧例或者惯例，本来是想再讲几句勉励的话作结的。可是，一向自恃"快言快语"的我却突然"语塞"。因为此时的我，又虑及在前面提到的辅导我女儿的语文学习之踌躇……未来的芳芳老师会是一路鲜花、一路掌声吗？也许是，也许不是。在从事美学研究的数十年中，我自己就常被人们问及：美学是干什么的？美有什么用？在语文审美教育的道路上，芳芳老师会不会是踽踽独行？也许，等待在远方的有可能是荆棘丛生，因为现今像"教英语一样教语文"的逆流依旧波涛汹涌。何况，在循着"生命语文"的道路一路追索到了"语文审美教育"的渡口之后，芳芳老师就已经退路不再！

然而，在我看来，这也正是价值所在，也更是命运所在！因为，"灵魂的歌唱"是不可阻挡的。

芳芳老师，狭路相逢，唯一的选择，就是不懈前行！

村上春树曾在著名的演讲《永远站在鸡蛋一边》中说：置身"在高大坚硬的墙和鸡蛋之间"，"我们都毫无胜算。墙实在是太高、太坚硬，也太过冷酷了"。可是，唯一的抉择却只能是也必须是："我永远站在鸡蛋一边。""无论高墙是多么正确，鸡蛋是多么错误，我永远站在鸡蛋这边。"

中国的孔子曾历经沧桑，四处流浪，14年中都居无定所，然而，这又如何？孔子唯一的抉择只能是也必须是："是有国者之丑也！""推而行之，不容何病？不容然后见君子！"

"永远站在鸡蛋一边"！"不容然后见君子！"这是我经常默默告诫自己的，谨以此，与芳芳老师共勉！

潘知常
2018年8月28日于南京大学

前言 FOREWORD

从"以丝播诗"到"巴洛克"

《礼记·文王世子》有曰:"春诵夏弦,大师诏之。"郑玄注:"诵,谓歌乐也;弦,谓以丝播诗。""以丝播诗",何等美妙!几千年前,我们的祖先早已懂得了以音乐之美发酵文学之魅。

米沃什在《米沃什词典》中诠释"巴洛克"时是这样描述的:"他们的生活困苦而单调。他们日复一日,起早贪黑,跟在犁铧后面,播下种子,挥舞长长短短的镰刀。只有在星期天,他们去教堂礼拜,一切才迥然不同。……繁复的曲线造型取代了直线;雕像身披奢华至极的长袍;圆滚滚的天使在空中飞翔——这些都需要黄金装饰,需要金碧辉煌的镀金。就这样,在教堂的圣殿里,信众被渡向了另一维度,与他们挣扎在艰辛劳作与困窘之中的日常存在正好相反。"美,让每一个平凡人能够不死于日常。

如果说"以丝播诗"的艺术美侧重于情感的熏陶,那么"巴洛克"的艺术美则更侧重于灵魂的洗礼。

丰子恺说:"我以为人的生活,可以分作三层:一是物质生活，二是精神生活，三是灵魂生活。物质生活就是衣食，精神生活就是学术文艺，灵魂生活就是宗教。"没有"实用价值"的美，作用于人的精神生活和灵魂生活。

苏霍姆林斯基说："美是照耀世界的明亮之光，借助这种光，你能看得见真相、真理和善良……理解和感受美，则是自我教育的强大源泉。"

现今语文界的各种主张令人眼花缭乱，甚至有专家认为语文教学更高境界的目标应该是语言文字运用，而不是走向内容与情感。按这位专家的说法，我们最好像教英语一样教语文。中学生学英语，就是只追求基本运用，语法正确。母语教学的底线是语言文字的教学，但不能止于底线。

人类的一切活动都应以谋求人类自身的幸福为目的。如果语文不必走向情感、内容和意义，那么，人类是为语言而活的吗？世界的存在目的是发展语言？语言是手段，是载体，却不是终极目的，它只是路径。

叶圣陶早在1922年就在《小学国文教授的诸问题》一文中明确指出："第一须认定国文是儿童所需要的学科。""第二，须认定国文是发展儿童的心灵的学科。……学童所以需要国文，和我们所以教学童以国文，一方面在磨练情思，进于丰妙；他方面又在练习表出情思的方法，不至有把捉不住之苦。""教授国文不以教授形式为目的，这不过是附带的目的；宜为学童开发心灵，使他们视学习国文如游泳于趣味之海里。"

至于中学语文的教学目标，1923年，时任南京东南大学附中（今南京师范大学附中）国文教师的穆济波在《中学校园文科教学问题》一文中全面而具体地探讨了"国文国语之目的"。他认为"保持国文国语之教育，正为国家生命与民族精神寄托所在"，将"语文的本身"当成"教育的目的"是"认手段为目的"。他说："……提倡限于文字语言之范围，以为尽所能事，不知于'人的教育''国家的教育'之途相去愈远。……此决非讨论教学问题的忠实态度，亦决不知国文科教学之价值。……惟本国语文一科，较诸学科实居于特殊地位，……其关系民族精神，建国基础，一切文化传统所在，何等重大！"所以，他坚持"本科教学目的在贯彻中等教育的宗旨，反对专以本科知识与技能为主的教学",并明确中学国文教学"唯一之目的"在于"养成有思想,有作为,有修养,在中等教育范围以内,有充分使用本国语文技能的新中国少年"。

因此,母语教学不应仅仅"限于文字语言之范围",不应"只从国文去学国文"(夏丏尊语),不应"一味在读、写本身上来学习读、写"(陶行知语),不应狭隘地把语文教育看成技能训练。没有情感的推动,我们就学不会什么。机器从来"学"不会任何技能,它只会按照人所设定的程序运转,因为它没有感情。但动物有感情(且不说人),所以任何一只母鸡,总能学会如何保护它的小鸡。

德国诗人荷尔德林有诗曰:"谁沉冥到/那无边无际的'深'/将热爱着/这最生动的'生'"。只有在生活和情感的最深处,才有最壮阔最美丽的风景,才有最鲜活最丰富的人生。越是"情感的",才越是"人生的"。宗白华讲到《水仙操》的创作经历时,讲了这样一个故事:"伯牙学琴于成连,三年而成。至于精神寂寞,情之专一,未能得也。成连曰:'吾之学不能移人之情,吾之师有方子春在东海中。'乃赍粮从之,至蓬莱山,留伯牙曰:'吾将迎吾师!'划船而去,旬日不返。伯牙心悲,延颈四望,但闻海水汩没,山林窅冥,群鸟悲号。仰天叹曰:'先生将移我情!'乃援操而作歌云:'繄洞庭兮流斯护,舟楫逝兮仙不还。移形素兮蓬莱山,歑钦伤宫仙不还。'伯牙遂为天下妙手。"对此,宗白华说:"'移情'就是移易情感,改造精神,在整个人格的改造基础上才能完成艺术的造就,全凭技巧的学习还是不成的。"

伯牙之琴技未始不精,但一个没什么生活阅历和情感体验的单薄苍白的人,绝难创造出永恒人性能够与之共鸣的艺术作品。经历了孤独凄凉和绝望之后,再以因为孤独凄凉绝望而变得细腻敏锐善感的触觉去感受周遭,世界就大不同了。说到底心灵是一面镜子,镜子的质地和光泽,决定它映射出来的那个世界的样子。所以,心灵若变得丰富了,精神若得到改造了,人格若得到升华了,一切才成为可能。

语文教育的本原是什么呢?是人性,是生活。这是语文教育相比其他学科更能够影响学生生命成长的原因，也是语文教育的源头。"教育"这个词在拉丁文中意为"引出"，即把一个真正的人引导出来、塑造出来。教育的本原是直面人性的深渊，将里面那个"人"引导出来，带领他走向健壮、丰富、智慧和美好。同时，我们也只有在承认永恒人性使情感共鸣成为可能的前提下，也只有在承认生活是生命的产物也是语文的源头的前提下，语文教育才有可能真正展开。

语文教育就是要在语文（语言、文章、文学）学习中激起情感波澜，点燃思想火花，培养语感美感，激发灵感潜能，丰富精神世界，涵养文化风度，提升能力素养，培养健全人格，鼓励学生去创造价值多元的人生。好的语文课堂，应该既有审智的功能，又有审美的效果。文艺复兴时代的意大利，重"智"重"美"。审智与审美，往往是密不可分的。孙绍振说："审美就是情感审视，但情感不是孤立的，它表层是感觉，深层次是情感，再深层次代表人的立场、观点，人的智性、修养，人的道德观念、价值准则等。""感情是审美的核心，它不但和感觉联系在一起，而且和智性有着深刻的联系；智性往往深深地隐藏在情感的深层。"

一个人在审美熏陶中所形成的审美情感会储存在他的意识之中，成为主体心灵的一部分，成为一种生命能量，它能够自由自觉地与偏离这种情感的负情感发生碰撞，并使发生在个体感性中的不符合"美"的标准的欲望和情绪通过审美情感的自觉规范与调节，得以洗涤、澄清、陶冶和重塑，促进心理的健全和人格的完善。

因此，我们甚至并不是要走向情感（我们还不能止于情感），我们是要经由情感走向灵魂。审美教育必须从"以丝播诗"走向"巴洛克"，也就是说，必须从情感的熏陶走向灵魂的洗礼。

苏霍姆林斯基引用过思想家格里高利·斯科沃洛杰的一句话："手中拿着小提琴，人就不可能做坏事。"然而，我们不会忘记药家鑫的"弹钢琴杀人法"，我们也不会忘记学美术出身的希特勒曾经说过的一句话："军服一定要帅，这样年轻人就会义无反顾地投军效劳。"事实上许多青年的确就是为了一身酷帅的军装而投身军旅的。语言、艺术，都是中性事物，最终造福人类还是祸害人类，取决于使用它们的人的心灵和信仰。片面强调工具性，武断否定或忽略人文性，本末倒置，违背人性，是一种"物化"的教育。

笔者以为，语文教育的根本目标是引导生命向善、求真、审美，这才是我们要努力抵达的彼岸。至于语言文字的形式，你可以说它是一条船，也可以说它是一座桥，它是工具，但工具永远不是目的。朱光潜说："人性本来是多方的，需要也是多方的。真善美三者俱备才可以算是完全的人。"他还说："我坚信情感比理智重要，要洗刷人心，并非几句道德家言所可了事，一定要从'怡情养性'做起，一定要于饱食暖衣、高官厚禄等等之外，别有较高尚、较纯洁的企求。要求人心净化，先要求人生美化。"

为此，我们需要经营审美的语文课堂，从"以丝播诗"走向"巴洛克"，从情感的熏陶走向灵魂的洗礼，在教学中长期渗透，开启亮光。

第 1 讲

审美教育综述

世界上不仅有需要的、有益的东西，而且有美的东西。从人成为人那时候起，从人在观赏到花瓣和晚霞那一瞬间起，他就注视着他自身。人就知道美。

美是一种深奥的属于人所具有的东西。美的存在是不依我们的意识和意志为转移的，但是美可以为人所发现，或者为人所认识，存在于人的心灵之中，若是没有我们的意识，也就没有美。我们来到世界上就是为了认识美，确立和创造美。

美是我们生活的欢乐。人之所以成为人，是因为他能看到蔚蓝色天空的奥秘，群星闪烁，晚霞那粉红色的光辉，一望无际的草原上的薄雾，风暴前那火红色的日落，地平线上那若隐若现的海市蜃楼……人看到了，感到惊奇，他无论走到哪里，也会创造新的美。当你停在一个地方，会面对着美感到惊讶，会在你的心中盛开出高尚品格的花朵来……[1]

---

[1] 蔡汀、王义高等：《苏霍姆林斯基选集》（第2卷），教育科学出版社，2001年，第487–488页。

苏霍姆林斯基常常向学生讲上面这些话。

他还说——

美是滋润善良、热诚和爱情的一条小溪。孩子们对长满红酱果、黄叶子的野蔷薇丛，对小槭树和有几片黄叶子的齐整的小苹果树，对受到初秋寒夜冻着了的西红柿丛感到惊讶的时候，这都会唤醒孩子心灵中对有生命的、美的东西的爱抚、善良和关心的态度。[1]

人追求美，爱美，这是人之常情。不过这种追求的实现，要取决于人的道德面貌，也就是取决于人的美同他的创造、活动的本质融为一体到什么程度。当人在从事自己所喜爱的活动时，人的美表现得更为明显，外表仿佛由于内在的灵感而现出光彩。

如果你想成为美的人，那就忘我地去劳动吧。劳动能使你感到自己是你所喜欢事业的创造者、大师和主人。劳动能使你的目光反映出人类伟大的幸福——创造性幸福和崇高精神。外表的美是来自内在、源于内心的道德美。喜爱的创造性劳动，往往给人的脸上留下痕迹，变得更清秀、更富表现力。

内在的创造性生活，给外在的美留下最清晰的痕迹，这不只是新的财富的创造。这同样要善于观察周围世界的美。凡是细心地观察和感受到美的人，其本人就会成为美的人。相反，内心空虚，外表只会表现出迟钝、冷淡、毫无表现力。[2]

培养敏锐最强有力的手段是美。美是顶峰，你从顶峰上可以看到那些没有理解和感受到的美的东西……美是照耀世界的明亮之光，借助这种光，你能看得见真相、真理和善良，在这种光照之下，你会体验到一种献身精神和

---

[1] 蔡汀、王义高等：《苏霍姆林斯基选集》（第2卷），教育科学出版社，2001年，第489页。

[2] 同上，第490页。

毫不妥协的精神。美能教会你认识恶并与其进行斗争。我把美称之为心灵的体操，是因为它能矫正我们的精神、我们的良心、我们的情感和信念。美是一面镜子，你在这面镜子面前能看见你自己。同时，也能知道如何对待自己。理解和感受美，则是自我教育的强大源泉。[1]

上面引述的大量文字，正是本书诞生的直接原因。审美教育本来是语文教学的核心价值，然而一直以来，它在我们的语文教学中付之阙如，被我们淡化甚至忽略，跳动着作者的脉搏、流淌着生命的血液的美的文字，被我们仅仅当成了工具，拆解成失去了生命气息的零部件强塞给学生。我们失去的不仅仅是文字本身的价值，还有教育本身的价值。最可悲又可怕的是，我们最终会失去"人"——当教育的审美功能被消解，主体也会随之被消解，因为教育的核心价值之一就是藉审美之途来安顿主体的此岸生存。这是我们在已经走得太远而忘了为什么出发的今天必须对审美教育给予前所未有的重视的根本原因。

一、审美教育的诞生与中西比照

"美是难的"，两千多年前，柏拉图借苏格拉底的名义发出慨叹。然而，其实美是人类与生俱来的原始体验与感性天赋。美感的出现早于道德感，美感是人类与造化建立联结的重要方式，也是原初方式——中国的民间歌舞起源于赛社活动，古希腊戏剧起源于"酒神节"的宗教仪式。所以，审美也是人类超越自我、升华灵魂的重要方式。古代东西方的思想家在对人的本质、人生意义进行思考的同时，已经在自觉地研究审美教育与人的情感的关系。我国古人更是无师自通地掌握了文学传播的最佳手段——音乐和文学相结合的审美教育。音乐是文学的翅膀，文学是音乐的土壤。《诗经》是一例，汉乐

---

[1] 蔡汀、王义高等：《苏霍姆林斯基选集》（第2卷），教育科学出版社，2001年，第231页。

府是一例，宋词元曲更是将此传统发扬光大。而我们的教育鼻祖孔子会唱歌、弹琴、鼓瑟、击磬、作曲，可以说是一位音乐的通才。他提出的一系列美学标准和美学命题有着深远的影响。孔子使用的教材主要是《诗经》。《史记·孔子世家》有云："三百五篇，孔子皆弦歌之，以求合《韶》《武》《雅》《颂》之音。"这里的"弦"即琴瑟，"歌"即歌咏。孔子时期的审美教育是将诗、乐、歌、舞融为一体的，孔子明确地将审美活动的目的归纳为三部曲："兴于诗，立于礼，成于乐。"

孔子，包括以后的孟子和荀子，他们谈论审美，大都从社会伦理、政治教化、道德培养的需要出发，很少有对艺术和审美本质的追问和省思，也忽略了个性情感发展和个体存在价值，所以有人说儒家是艺术－审美的功利主义者。[1] 儒家美育思想的理论核心是"致中和"（《礼记·中庸》），孔子要求学生节制情感，不逾礼节，做到"乐而不淫，哀而不伤"（《论语·八佾》），恰到好处，合于"中庸"。所以李泽厚、刘纲纪指出："对立因素的统一，每一因素发展的适度，这就是孔子的作为美学批评尺度的'中庸'的基本要求。"

与儒家不同，道家坚持"道法自然"，提倡"自然无为"，主张一切顺乎天性，见素抱朴，从而超越现实的束缚，与万物合一。在美育方面，道家主张自我化育，"不尚贤，使民不争"（《道德经》第3章）——不特别推崇有才德的人，使老百姓不去互相攀比争斗，"致虚极，守静笃"（《道德经》第16章）——排除欲望和杂念，尽力使心灵的虚寂达到极点，使生活清静坚守不变，从而把观照"道"作为最高目的。庄子在此基础上进一步发挥，他说："静而圣，动而王，无为也而尊，朴素而天下莫能与之争美。"（《庄子·天道》）他又提出了"心斋"与"坐忘"，其核心思想就是让人们从内心彻底排除欲望和杂念，从而让心灵变得空明澄澈，进入审美的最高境界，释放自己的生命力，与天地融合，与万物为一。庄子认为，人所创造的事物（譬如礼乐文章）是无法与天地自然相媲美的，"天地有大美而不言"（《庄子·知北

1　聂振斌：《中国古代美育思想史纲》，河南人民出版社，2004年，第34页。

游》)。由大美而产生的乐,是至乐。与儒家服务现世、伦理教化的美育目标相比,道家的美育思想更关注个体的精神自由和人格独立,追求对现实人生的超越。

在西方,以雅典为代表的古希腊文化十分重视审美教育,出现了专门的艺术教育部门——琴弦学校。而雅典的所谓"缪斯教育"其实就是综合艺术教育。最早完整地探讨审美与情感教育的关系的人是柏拉图。他认为理想的人应该是"爱智慧者,爱美者,诗神和爱神的顶礼者"。他特别重视儿童的早期教育,认为儿童的心灵十分柔嫩,要力求用最优美、最高尚的故事去陶冶,而不能强制说教,生硬粗暴,只有这样,儿童才会"如坐春风如沾化雨,潜移默化,不知不觉之间受到熏陶,从童年时就和优秀、理智融合为一"。

美育作为一门独立学科的出现,是以席勒于1793—1794年完成的著作《审美教育书简》为标志的。后人称之为"美育的宣言书"。

席勒认为,在一方面腐朽、一方面粗野的社会,人还不能直接从自然人走向理性人(道德的人),若要达到理性状态,首先要让人恢复人性的健康,使人具有美的心灵。他这样写道:"人们在经验中要解决政治问题必须假道美学问题,因为正是通过美人们才可以走向自由。"在他看来,应当先改造人性,然后在人性完整的前提下,去温和地改造社会。他反对暴力革命,主张用美和艺术进行主体意识的革命,改良感觉和知觉方式,实现心理上的和谐自由。他把古希腊人和现代人进行比较,认为古希腊人身上有一种"完美的人性":"他们既有丰富的形式,同时又有丰富的内容,既善于哲学思考,又长于形象思维,既温柔又刚毅,他们把想象的青春性和理性的成年性结合在一个完美的人性里。"而在现代社会里,人被撕裂成"碎片",个人与国家的整体和谐为一架"精巧的钟表所代替"。他指出:"给近代人造成这种创伤的正是文明本身。只要一方面由于经验的扩大和思维更确定因而必须更加精确地区分各种科学,另一方面由于国家这架钟表更为错综复杂因而必须更加严格地划分各种等级和职业,人的天性的内在联系就要被撕裂开来,一种破坏性的纷争就要分裂本来处于和谐状态的人的各种力量。"在《审美教育书简》中,席勒更多的是从对过度理性的批判引出美育话题的。他说:"分析功能占了上风,必定会夺走幻想的力与火,对象的范围变得狭窄,必定会减少幻想的丰富性。因此,抽象的思想家常常有一颗冷漠的心,因为他们的任务是分析印象,而印象只有作为一个整体时才会触动灵魂;务实的人常常有一颗狭隘的心,因为他们的想象力被关闭在他们职业的单调的圈子里,因而不可能扩展到别人的意象方式之中。"

席勒认为,要使人从"自然的人"走向"理性的人",中间必须架起一座桥梁,这座桥梁就是审美教育。他认为,感受能力本身就能唤起人生洞察力的改善。席勒又说:"要使感性的人成为理性的人,除了首先使他成为审美的人以外,别无其他途径。"他还说:"有健康的教育,有审视力的教育,有道德的教育,也有趣味和美的教育。后一种教育的意图是,在尽可能的和谐之中培养我们的感性力和精神力的整体。"可见席勒在指出理性过分压抑感性会导致人心灵丰富性的消失的同时,也并未否定理性的价值,他所强调的是,美育的使命就在于促进人性中感性和理性因素之间的和谐。

无论是古代还是现代,无论是中国还是西方,几乎所有的审美主张都承认,审美教育能够塑造人,协调人,完善人。审美有使感官愉悦并引起快感的功能,快感本身不是一种单纯的感受,而是一种功能——给人秩序的功能:科学在思想中给予我们秩序;道德在行动中给予我们秩序;艺术则在对可见、可触、可闻的外观的把握中给予我们秩序。[1]

二、近代美育的发展与概念内涵

中国现代美学的开拓者王国维是将西方美学系统引进中国的第一人,他深受康德美学的影响,主张审美超功利性。1903年8月,王国维在《世界教育》第56号上发表了《论教育之宗旨》一文,在文中使用了"美育""美育

---

[1] 卡西尔:《人论》,甘阳译,上海译文出版社,1985年,第213页。

学"的概念。他指出，教育之宗旨在于"使人成为完全之人物"。所谓"完全之人物，精神与身体必不可不为调和之发达，而精神之中又分为三部：知力、感情及意志是也。对此三者而有真善美之理想：'真'者知力之理想，'美'者感情之理想，'善'者意志之理想也。完全之人物不可不备真善美之三德，欲达此理想，于是教育之事起。教育之事分为三部：智育、德育、美育是也"[1]。他强调通过美育净化国民嗜好，培养国民高尚的人格。他认为当时不少国人吸食鸦片是"国民精神之疾病"，"其最终之原因，则由于国民之无希望，无慰藉。一言以蔽之：其原因存于感情上而已"，"感情上之疾病，非以感情治不可"。[2] 他认为，要彻底制止国人的鸦片嗜好，必须大力实施审美教育，解决国人精神之空虚。

继王国维之后，蔡元培提出了里程碑式的美育思想——"以美育代宗教"，以及德、智、体、美和世界观教育"五育并举"的主张。蔡元培的美育思想以培养"健全人格"为核心，他将美育的功能解释为化育情感，从而让情感去推动行为："人人都有感情，而并非都有伟大而高尚的行为，这由于感情推动力的薄弱。要转弱而为强，转薄而为厚，有待于陶养。陶养的工具，为美的对象；陶养的作用，叫作美育。"[3]

还有一位不得不提的现代美学家、教育家——朱光潜，他指出，要矫正时弊，最紧要的莫过于先救人心，而救人心最根本的途径就是美育。他说："我个人深切地感觉到中国社会所以腐浊，实由我们人的质料太差，学问、品格、才力，件件都经不起衡量。要把中国社会变好，第一须先把人的质料变好。"这里所谓"质料"，就是人心。

王国维、蔡元培、朱光潜等现代美学家的许多观点都源自西学，都十分注重情感的价值和审美对于净化心灵的作用。他们将情感视为人性发展和完善的最根本的基础，认为要从人的最内在、最根本的情感入手，通过情感的

---

1 姚淦铭、王燕：《王国维文集》（第3卷），中国文史出版社，1997年，第57页。
2 同上，第23—26页。
3 孙常纬：《蔡元培先生全集》，台湾商务印书馆，1968年，第640页。

熏陶，实现个体生命的净化与提升。蔡元培在《美育实施的方法》一文中阐明了一整套具体的美育实施办法，包括家庭美育、学校美育、社会美育诸方面，可见美育是一项系统工程，是一门值得深入研究的独立的学科。

新中国成立后，美育曾有过一个短暂的黄金时期。"文革"十年，教育荒芜，美育自然也失去了土壤。20世纪70年代末至80年代初，美育的概念是狭义的。譬如1981年出版的《汉英词典》就把美育解释为"艺术教育"，有学者甚至认为美育仅仅是德育的辅助手段。进入80年代中期，美育的内涵由狭义走向广义，到20世纪末，才渐渐出现各种声音。在20世纪80年代的第二次中国美学大讨论中，李泽厚提出了"以美启真""以美储善"和"以美立命"。日本哲学家汤川秀树说："美感似乎在抽象的符号中给物理学家以指导。"1991年杜卫发表《论美育与创造力的发展》一文，指出美育在促进个体审美能力发展的同时，也促进着创造力的发展。1999年叶朗发表《把美育正式列入教育方针是时代的需要》一文，指出美育与德育既有区别又有联系，它们互相配合，互相补充，互相渗透，却不能互相代替。美育有自己的独立价值，它并不仅仅是德育的一种手段。

1999年，20世纪的最后一年，《中共中央国务院关于深化教育改革全面推进素质教育的决定》发布，明确地把美育和德育、智育、体育并提；同年6月，全国教育工作会议正式将美育列入国家教育方针。

那么，美育的概念与内涵究竟如何界定呢？

2013年教育部颁布的高中语文课程标准中说："审美教育有助于促进人的知情意全面发展。文学艺术的欣赏和创作是重要的审美活动，科学技术的创造发明以及社会生活的许多方面也都贯串着审美追求。未来的社会更需要美，需要对美的发现、追求和创造。语文具有重要的审美教育功能，高中语文课程应关注学生情感的丰富和发展，让学生受到美的熏陶，培养自觉的审美意识和高尚的审美情趣，培养审美感知和审美创造的能力。"

解读课程标准，我们会发现它以康德"知、情、意"的三分法为主体框架，指向完满人性的塑造；强调感性发展的手段和途径——以文学艺术的欣赏和创作为主要实践活动；兼顾理性的提升和拓展——科技创造及社会生活的各个层面中审美追求的贯串；关注审美感受力、审美情感、审美意识、审美情趣等人格核心素养的培养，以及面向未来的创美能力的培养。一言以蔽之，美育以文学艺术的欣赏等审美实践活动为手段，以培养和发展人的感性为基础，协调德育与智育的发展，协调感性与理性的发展，塑造完满的人性，最终实现人的诗意生存，激发人的自由创造。

黑格尔说："审美带有令人解放的性质。"马克思主义的美育理论强调人的自由、全面的发展和人感觉的丰富性的解放，认为每个人的自由发展是一切人的自由发展的条件。朱光潜在《谈美感教育》一文中强调了美育具有心理解放功能。其一是"情感的解放"："人类生来有许多本能冲动和附带的情感"，这些本能与情感只能暂时受压抑，却不能永远消除，而且这种压抑会带来"各种变态心理和精神病"。然而，美育活动"给本能冲动和情感以自由发泄的机会"，使之得到解放。其二是"眼界的解放"："美感教育……使人在丰富华严的世界中随处吸收支持生命和推展生命的活力"。其三是"自然限制的解放"。他认为，美育可以使人从有限的自然、物质世界中超越出来，摆脱单纯的物欲和情欲，脱离低级趣味，在审美的世界里获得无限的心灵自由。无独有偶，潘知常也说："美是自由的境界。"而李泽厚说："马克思主义的理想是全人类的解放，这个解放不只是某种经济、政治要求，而具有许多更为深刻的重要东西，其中包括要把人从所有异化的状态中解放出来。美和审美正是一切异化的对立物。当席勒把'游戏冲动'作为审美和艺术本质时，可以说已开始了这一预示。人只有在游戏时，才是真正自由的。……总起来说，美感就是内在自然的人化，它包含着两重性，一方面是感性的、直观的、非功利的；另一方面又是超感性的、理性的、具有功利性的。……这样，美感便是对自己的存在和成功活动的确认，成为自我意识的一个方面和一种形态。"

如果说上述大量的引用都是在强调"自由"的意义，那么，李泽厚的最后一句话则是在强调实践与创造的意义，在实践与创造中，人类获得自我确证。怀海德的说法有异曲同工之妙："自我创造的过程就是将潜能变为现实的过程,而在这种转变中就包含了自我享受的直接性。"

三、语文教学中的审美教育实践

美育着眼于培养人的审美视野、人格胸襟和艺术情趣,发展人的审美直觉、艺术想象力和审美创造力。美育对其他学科的教育有促进性、辅助性、整合性的作用。那么和其他学科相比,语文教学中的审美教育又有什么样的独特性呢?

北师大的王宁教授说:"如果我们把审美界定为正确的价值取向,任何学科都面对审美问题,文学与艺术是审美的专门化。语文审美是针对言语作品的审美,在这一点上,语文和艺术具有分工的关系。但是,语言在表达美感的普遍性方面,也是其他艺术无法取代的。""把分解开来的听、说、读、写技巧训练当成语文课的目标,显然是舍本求末。是否可以说:语文课程是一门按照汉字和汉语的特点,通过学生在真实的母语运用情境中自主的语言实践活动,培养他们内在的言语经验和言语品质;同时,使他们得到思维方法和培养思维品质,养成基于正确价值观的审美情趣和文化感受能力的综合性、实践性课程。"

法国18世纪启蒙主义思想家狄德罗在他的论文《美之根源及性质的哲学研究》中指出"美即关系",大约早于狄德罗1000年的柳宗元在他的《邕州柳中丞马退山茅亭记》一文中说:"夫美不自美,因人而彰。兰亭也,不遭右军,则清湍修竹,芜没于空山矣。"意思是,没有了人类的心灵映射,大自然的美也无从被体验、被认知。外在的美是"自在之物",它必须与人发生联系,构成某种关系,美才会彰显出来。离开了与人的关系,就无所谓美。文学作品是语言文字的艺术,它源自人,也影响人。语言文字的美,同样需要通过接受主体的心灵折射,才能得到彰显。刘勰认为好文章的标准是:"故文能宗经,体有六义:一则情深而不诡,二则风水清而不杂,三则事信而不诞,四则义直而不回，五则体约而不芜，六则文丽而不淫。"[1] 刘勰将"情"放在第一位。情感特征是文学作品的生命所在，也是审美教育的核心所在。人是感情的动物，通过情感的感染渗透来进行审美教育是合于人的生命本质的。朱光潜说："美是文学与其他艺术所必具的特质。……语言文字是每个人表现情感思想的一套随身法宝，它与情感思想有最直接的关系。因为这个缘故，文学是一般人接近艺术的一条最直截简便的路；也因为这个缘故，文学是一种与人生最密切相关的艺术。"我在拙著《高考微作文》中也曾说过："生活是文学的江湖，情感是文学的生命。没有情感的创作，是无价值的创作。情感既是一种生命力（对作者而言），也是一种吸引力（对读者而言）。就像童话世界，它里面的一切环境甚至事件都不真实，唯独故事里面的人的情感，跟我们这些平凡人一模一样，完全可以实现共鸣。如果失去了情感的桥梁，童话对我们而言简直就是不知所云。"

　　语文教学中的审美教育，需要精心的引导和日常的浸淫，要逐步引导学生解读审美意象，丰富审美体验，激活审美情感，鉴赏审美语言。朱光潜说："文学的修养可以说就是趣味的修养。""我认为文学教育第一件要事是养成高尚纯正的趣味，这没有捷径，唯一的办法是多多玩味第一流的文艺杰作，在这些作品中把第一眼看去是平淡无奇的东西玩味出隐藏的妙蕴来，然后拿'通俗'的作品来比较，自然会见出优劣。优劣都由比较得来，一生都在喝坏酒，不会觉得酒的坏，喝过一些好酒以后，坏酒一进口就不对味。一切方面的趣味大抵如此。"苏霍姆林斯基的说法与之有异曲同工之妙："美，似乎在打开观察世界的眼界。长期在美的世界里熏陶，再碰上坏的、丑恶的东西突然会觉得不能容忍。教育规律之一，就是用美把邪恶和丑恶现象挤跑。"

　　语文教学中的审美教育，终极目标指向构建审美心理，完善审美个性，提升创美能力。对此，李泽厚如是说："教育学的任务之一就是要探究和建设人的心理本体，作为美学内容的美育，便是这样。""寻找、发现由历史所形

---

[1] 陆侃如、牟世金：《文心雕龙译注》，齐鲁书社，1995年，第103页。

成的人类文化－心理结构,如何从工具本体到心理本体,自觉地塑造能与异常发达了的外在物质文化相对应的人类内在的心理－精神文明,将教育学、美学推向前沿,这即是今日的哲学和美学的任务。"

为此,我们需要经营审美的语文课堂,在语文教学中长期渗透美,开启亮光。什么样的课堂是审美的语文课堂呢?我认为审美的语文课堂应当有才、思、情、趣,就像一朵花要有形、色、香、韵。缺少了才,课堂显得平庸;缺少了思,课堂显得肤浅;缺少了情,课堂显得枯燥;缺少了趣,课堂显得笨拙。但四者并非简单相加,而需要和谐统一:"情"与"趣"需要"才"来表现,需要"思"来升华;而"才"与"思"需要"情"来驱遣,需要"趣"来调和。只有这样,才能产生灵魂在场的清音妙律,才能成就美的语文磁场。

仅靠文学自身也是不够的,我们至少必须向我们的鼻祖孔老夫子学习,适时适度地将音乐引入大语文的课堂。"天性细腻和富有感情的人不会忘记别人的悲伤、痛苦和不幸;良知要求他去给予援助。音乐和歌曲能培育这种品质。"[1]"如果您想使语言能够教人生活,想使您的学生渴求善良,那您就要把幼小的心灵培育得细腻和富有感情的敏感性。在众多的作用于幼小心灵的手段中,音乐当居重要的地位。……歌曲能够使人富有诗意地观察世界。"[2]"我深信,音乐的美是思维的丰富源泉。在音乐旋律的影响下产生在儿童想象中的鲜明形象能活跃思维,如同把思维中无数的溪流汇集成一条河道。"[3]"'手中拿着小提琴,人就不可能做坏事',这是出自杰出的思想家格里高利·斯科沃洛杰之手的一句古老的乌克兰谚语。丑恶和真正的美是不能共处的。教育者重要的任务之一,形象地说,就是递给每一个孩子一把小提琴,使每个孩子都能感受音乐是如何产生的。"[4]

也可以偶尔将课堂移入大自然的怀抱。"我们常常倾听大自然的音乐,这

---

1 蔡汀、王义高等:《苏霍姆林斯基选集》(第3卷),教育科学出版社,2001年,第259页。
2 同上,第260页。
3 同上,第263页。
4 同上,第264–265页。

是语言感情色彩的最重要的源泉,是理解和感受旋律之美的钥匙。"[1] "我认为对自然界美的感受,积极去创造美的东西,是对青少年心灵一种极重要的训练,是使人力求看到人的美及其心灵美,力求去确立人自身那种美的东西并蔑视懦弱、畏缩、意志薄弱不可缺少的东西。"[2]

不仅要引导学生感受大自然的美,更要引导学生感受文学经典之美、日常生活之美、社会生活之美、影视艺术之美……更重要的是,最终我们要引导学生由审美走向创造。"为创造美而进行劳动,能使年幼的心灵高尚起来,能事先防止冷漠情绪。孩子们在创造大地上的美的过程中,自己也就变得更美好,更纯洁和更可爱。"[3]

1　蔡汀、王义高等:《苏霍姆林斯基选集》(第3卷),教育科学出版社,2001年,第257页。
2　同上,第2卷,第234页。
3　同上,第3卷,第304页。

第 2 讲

解读审美意象

意象是中国古代文艺理论和美学的重要范畴。"意象"一词最早出现于东汉王充的《论衡·乱龙篇》:"礼贵意象。"不过,这里所谓的"意象",是指具有某种实用性、象征性的图像,与审美和文艺创作没有什么直接关系。最早把意象作为一个文艺和审美范畴提出来的是刘勰。他在《文心雕龙·神思》中说:"独照之匠,窥意象而运斤。"这里所说的"意象"包含了作家的心意和与这种心意结合着的物象,同时也肯定了艺术构思中想象的作用。唐宋以后,意象被广泛地用于诗论、文论、乐论、曲论、画论、书论等领域,成为文艺理论和美学的一个重要范畴。所谓意象,是指人类以物达意、借景抒情而形成的人造之象。从本质上看,意象是心与物、主观与客观的统一。

朱光潜是现代"意象论"研究的第一人。早在 1930 年代,他就在中国传统诗论中拈出了意象范畴,运用在《文艺心理学》《谈美》和《诗论》等著作中,后来,他又将意象范畴大量地用于对康德、黑格尔和歌德等西方美学家著作的翻译中，并进一步强化了意象与审美的关系。到 1960 年代，朱光潜撰写《西方美学史》时，形成了比较系统的意象理论，尤其是首创了"审美意象"的新概念，促使意象范畴完成了从传统到现代的转化。1965 年，蒋孔阳撰写《德国古典美学》时，接受了朱光潜先生的观点，在论述康德美学时也使用了"审美意象"的概念。1984 年以后，"审美意象"的概念才在国内文学界、艺术界和美学界流行开来。

朱光潜说："美不完全在外物，也不完全在人心，它是心物婚媾后所产生的婴儿。"审美意象以"意"为主导，以"象"为载体，是审美主体即景会心、以形写神的心灵创造。"象"不是对客观物象的简单模仿，而是处于审美主体意识观照中并在这种观照中呈现的。美的意蕴就体现在象与意、情与景、物与我、主体与客体的有机统一与自然契合中。

朱光潜认为，"美感的世界纯粹是意象的世界"。他说："有人说，'艺术要摆脱一切然后才能获得一切'。艺术所摆脱的是日常繁复错杂的实用世界，它所获得的是单纯的意象世界。意象世界尽管是实用世界的回光返照，却没有实用世界的牵绊，它是独立自足，别无依赖的。……作为美感对象时，无论是画中的古松或是山上的古松，都只是一种完整而单纯的意象。……意象的孤立绝缘是美感经验的特征。在观赏的一刹那中，观赏者的意识只被一个完整而单纯的意象占住，微尘对于他便是大千；他忘记时光的飞驰，刹那对于他便是终古。"正因为如此，他说："凡是文艺都是根据现实世界而铸成的另一超现实的意象世界。"欣赏文学作品中的审美意象是阅读主体的二次体验，审美意象是需要交流和共鸣的，它期待着阅读主体的感同身受，每一位阅读主体对于审美意象的理解与接受都是一种再创造，一种创造性还原。

一、解读诗歌中的意象

1. 古代诗词意象

胡应麟在《诗薮》中有言："古诗之妙，专求意象。"意象既是诗人抒发情感的载体，也是古诗词鉴赏中最基本的审美单元。

我告诉过学生，诗词都是用意象说话的。所写之"景"、所咏之"物"，即为客观之"象"；借景所抒之"情"，咏物所言之"志"，即为主观之"意"。"象"与"意"的完美结合，就是"意象"。譬如一棵树站在那里，就是象；一旦我开口描述它，这棵树的真相就被遮蔽，它不再纯粹是一棵树，它承载了人的意——我的感情和思想。所以文学著作中的"树"，跟生物课本中的"树"是不同的。前者被看树的人加了情感的"滤镜"，带上了人的主观色彩和情绪意味。这种"滤镜"的风格会因人而异，因此，生物课本上的树，看一次就了解了，确定了；而文学著作中，不同人眼中的树，值得我们一看再看，不断认识和重新发现。这就是文学的审美价值。所以，好的诗词忌讳直接抒情，它们用意象说话。并且，诗人在表现意象时常用比喻和移就的修辞手法将事物和语言陌生化，读之含蕴隽永，耐人寻味。象是看得见的，意是看不见的。意是潜在的，却是主导的。譬如"枯藤、老树、昏鸦、古道、西风、瘦马"一系列的意象，就都是点染着"断肠人"的情绪色彩的。

解读意象可以"由表"赏析诗歌的语言和画面，也可以"及里"品味意境和情感，进而鉴赏诗歌的艺术技巧。抓住意象，就抓住了解读古代诗词的命门。那么，如何解读古代诗词的意象呢？

（1）寻找人与物的契合点。意源于人，如何见象生意，抑或因意写象？本质上还是要寻找人与物的契合点。譬如辛弃疾的《鹧鸪天·代人赋》中"城中桃李愁风雨，春在溪头荠菜花"一句，如果你寻找到了人与物的契合点，就能够理解"荠菜花"这一审美意象的内涵。这首词是辛弃疾闲居江西时的作品，此时，他无端被陷害落职，只得住到乡下，躬耕垄亩，以待东山再起。从全词来看，他满腔热情地描绘农村景物和农家生活，歌颂乡野间旺盛蓬勃的生命力，"荠菜花"清新质朴，生机勃勃，虽然生在乡野，却表现出盎然的春意和顽强的生命力，这与作者的处境以及心情有着高度的契合，作者正是要借"荠菜花"这一审美意象来表达自己的人格追求和不老雄心。

（2）发现意象之间的对比。古诗词当中，经常有前后意象形成对比的现象，在对比中，表达作者的审美取向和人格追求。我们还是以辛弃疾的《鹧鸪天·代人赋》中"城中桃李愁风雨，春在溪头荠菜花"一句为例，这是全篇的主旨所在，作者将城中桃李与乡野荠菜进行对照描写和议论，表现了作者顽强的人生观和清新朴素的美学思想。俞平伯在《唐宋词选释》中释此二句道："结句言桃李愁风雨，而菜花之不愁风雨，意在言外。对比形容，清新明朗。"那么这言外之意是什么呢？我们来解读一下这组意象的对比：桃李一到春天就浓妆艳抹，竞秀争妍，表面上，春天似乎因它们而繁荣生辉，实际上它们不堪一击，经不起风雨的考验；只有溪头野生的荠菜花，朴素清新，蓬勃蔓延，在风雨中顽强盛开。前者就像朝堂之上炙手可热的弄臣权贵，后者就像是忠心耿耿赤子冰心的自己。这样的意象对比，能够帮助我们深入理解诗歌的主题。

（3）分析点与面的关联性。要准确而深入地解读古诗词的意象，还需要注意点与面的关联性。我们还是以辛弃疾的《鹧鸪天·代人赋》为例。先看"面"：全词描绘了一幅生机盎然的乡野初春景象，在这幅初春长卷上，点染了刚刚"破嫩芽"的"陌上柔桑"、"东邻"已孵化出的一些幼蚕、光秃秃的平顶山坡上长出的嫩草、在草地上吃草撒欢哞哞鸣叫的小黄牛、斜阳西下寒林中归巢的暮鸦、远远近近的青山、纵横交错的小路、青旗招展的酒家……城中桃李在风雨中零落成泥的时候，溪头的荠菜花正蓬勃绽放。全词的"面"与每一处的"点"，如此和谐，浑然一体，它们相辅相成，彼此印证，用一个"意脉"（对农村生活的欣赏流连和对城市上层社会的厌恶鄙弃）贯通了全词，从而使得全词的意境高度统一，而且内涵深刻。

2. 现代诗歌意象

面对中国古典诗词"立象近意"的悠远传统，现代诗人在希望对其经典意象、审美体验和个体情感有新的突破的同时，也不可避免地承袭了其精神血脉，"五四"时代的许多诗人都曾热衷于从古典意象中汲取灵感，譬如郭沫若的"火中凤凰"、冯至的"蚕马"、闻一多的"红烛"，等等。

中国古典诗词的意象不仅赋予了中国现代诗人以丰沛的灵感，而且也让西方的现代诗人受益良多。当庞德读到曾来中国研究古典诗歌艺术的费诺罗沙的遗稿中的"汉字乃绘画之速写,一行中国诗就是一行速写画","一个汉字就是一个意象(a image),一首诗就是一串意象(a sucession of image)"时,顿有一种"醍醐灌顶,茅塞顿开"之感。可以说,庞德在发起意象主义诗歌运动时,就有从中国古典诗词意象而获得的灵感。庞德说过:"一生中能描述一个意象,要比写出连篇累牍的作品好。"与庞德一起始创意象派的英国哲学家兼诗人休姆甚至认为诗人的"真诚程度,可以以他的意象的数量来衡量"。

那么,如何解读现代诗歌的意象呢?诗的意象与修辞、格律、音韵等关系密切,所以,通常可以从以下方面入手进行解读。

(1)比喻与象征。

意象往往借助于比喻。如要构成比喻,必须具备两个成分:本体(即被比喻的事物)、喻体(即用来作比的事物或现象);又必须具备两个条件:本体和喻体分属性质不同的两种事物,二者之间有相似之处。现代诗中的意象,通常用暗喻(或说隐喻)和曲喻的手法。所谓暗喻,是把喻体说成是本体,暗示其相合的特性。黑格尔在谈到暗喻时指出:"为着避免平凡,尽量在貌似不伦不类的事物之中找出相关联的特征,从而把相隔最远的东西,出人意外地结合在一起。"至于"曲喻",就是奇想,奇特而又大胆到几乎不近情理的联想。如果处理得当,反倒可以出奇制胜。

先看暗喻。

宽　容

我是／越过／严冬／回到／北国的

第一只／丹顶鹤

灰暗的／山沟啊,／请／原谅

这洁白的／颜色

我是／冒着／风雪／凛然／开放的

第一支／蜡梅

浑浊的／煤烟啊，／请／宽容

这浓郁的／香味

"我是丹顶鹤"是视觉暗喻，其洁白的颜色跟"灰暗的山沟"形成对比；"我是蜡梅"是嗅觉暗喻，其清香跟"浑浊的煤烟"形成对比。

再看曲喻。

孵　化

夜色是蛋清

我是蛋黄

梦正孵化着我

"夜色是蛋清"，"我是蛋黄"，这样的比喻就是一种奇想，一般人想象不到的联想。这是有形状有色彩有温度的意象，很形象很有生命感，蕴藏着一种动态的美，并且喻示了夜色与我的关系——夜色包围着我，还有梦的力量——梦能让生命苏醒，让灵魂突围。

再说说象征。当文字符号超出它的本义而获得了扩展意义时，这符号就成为了象征体，引起人们的联想。例如，艾青的诗中经常出现的"太阳"意象，通常象征着光明的新时代。诗歌中的"太阳"不是天文学的概念，它可以是天体太阳、是光明、是未来、是心中的希望、是新的时代……也可以是其他事物。

意象的象征性，不是固定的、公式化的，而是多义性的、可变化的。现代诗中的意象，其象征性往往是不确定的，它会随着读者的不同角度、不同背景而变化生成，从而呈现出不同的解读。例如艾青的《礁石》一诗中的"礁石"，就是一种象征性的意象。但它究竟象征着什么，很难作出明确的界定，没必要也不可能像做数学题一样得出"唯一"的正确答案来。意象的象征性是一种"可能性"，引发人们丰富的联想，开拓出自由广阔的想象空间。

（2）拟人与物化。

朱光潜说"美感经验就是形象的直觉"，现代诗中的意象来自诗人的直觉。直觉天然地有情感的参与。拟人的意象来自诗人的移情。拟人，就是赋予客观事物以人的感情、思想和动作行为。比如注视一朵花，我们觉得它在低语或者微笑，这是化"物"为"人"；同时我们也会把自己想象成一朵花，绽放笑颜，散发芬芳，这又是化"人"为"物"，即物化。

梅

张明昭

一声冷艳的笑

惊栗了寒冬

这是有色彩有声音的意象，诗人将梅在寒冬中令人惊艳的美赫然呈现出来——将梅的凛然绽放人格化，写成是一声冷艳的笑，惊栗了寒冬，运用了拟人和通感（详见下页）的修辞手法。

再看下面这一首：

父

奥冬

默默注视着我的成长

犹如

注视地里的庄稼

"地里的庄稼"这一意象，运用了物化的手法。它凝聚了父亲朴实深厚的爱与殷勤热切的期待。物化的手法，有时用比拟中的拟物来实现，有时用比喻来实现，此处用的是比喻。

（3）通感与反复。

通感又叫移觉，就是把属于某种感觉领域的意象（语义）转移到另一种感觉领域里，形成不同感觉（听觉、视觉、嗅觉、味觉、触觉等）之间的沟通交错与挪移转换，将本来表示甲感觉的词语用于表示乙感觉，使意象更为活泼新奇。譬如前文提到的《梅》，梅的绽放本应是视觉感受的对象，诗人却以听觉感受来写，这就是通感。

又如：

流　星

痖弦

提着琉璃宫灯的娇妃们
　　幽幽地涉过天河
　　一个名叫慧的姑娘
　　呀的一声滑倒了

流星本是没有意识和情感的物体，诗人用了拟人手法将它想象成一个名叫慧的女子；流星划过夜空本是视觉感受，诗人却以听觉感受写道"呀的一声滑倒了"，使意象很轻盈很雅致，实在太富有想象力，实在太美妙了！

再来看反复。诗歌中的反复，作用在于强化意象，渲染气氛，推进层次，深化主题，促进抒情，增强音乐性和节奏感，等等。

三　代

臧克家

孩子
在土里洗澡
爸爸
在土里流汗
爷爷
在土里埋葬

这首小诗在复沓中将层次不断地向前推进，意象不断地叠加，使诗歌的内涵变得厚重而丰富。短短 21 个字，便刻画出了三代人乃至旧中国世世代代生活在土地上的农民形象，三代人甚或无数代人循环往复地讲着同一个故事——"洗澡—流汗—埋葬"，折射出他们的生活和命运，也表现了一种"土地情结"。

二、解读散文中的意象

意象一度作为诗词鉴赏的专用术语，然而在其他文体中，意象的运用同样为读者开辟了广阔而丰富的审美视域。在散文中，意象经常指用来寄托作者主观情思的自然物象，譬如王鼎钧的《那树》中的树，史铁生的《我与地坛》中的地坛，朱自清《荷塘月色》中的莲花、月光、柳树等，郁达夫的《故都的秋》中的槐树、牵牛花、秋蝉、果树等。

散文中的审美意象使散文饱含诗意，在对意象的经营上，散文既有同于诗词，又有别于甚至超越于诗词。相对于诗词中的意象而言，散文意象的跳跃性要大得多，它往往借助于虚实结合的记叙与描写，构成一种舒卷自如而又水乳交融的丰富画面；另外，相较于诗词意象的含蓄朦胧，散文的意象则显示出明朗化的倾向。

对于散文而言，意象是一个载体，寄托了作者的情思，它能够带领读者进入作者的灵魂深处。它有时是作者由物到人联想的触发点，有时是作品的线索，有时是托物言志、借景抒情的载体。有些作家对意象会有所偏爱，譬如沈从文偏爱"水"的意象，萧红偏爱"太阳"的意象，张爱玲偏爱"月亮"的意象，等等。那么如何解读散文中的意象呢？

1. 象征与隐喻

前文已经讲过象征，那么什么是隐喻呢？隐喻是在彼类事物的暗示之下感知、体验、想象、理解、谈论此类事物的心理行为、语言行为和文化行为。隐喻是一种认知方式，是用一个具体的概念去理解一个抽象的概念，是从熟悉、具体的源域向不太熟悉、抽象的目标域的跨域映射过程。隐喻以对源域具体事物的体验和认知为前提，同时以客观事物之间的相似性为基础。意象，往往是作者用来构建隐喻的重要元素。明代王廷相说："言征实则寡余味也，情直致而难动物也，故示以意象。"意思是作品要想含蓄而令人回味无穷，并能够以情动人，那么就不能实话直说，须借助意象来表达。在散文中，象征与隐喻往往是一而二、二而一的表现手法。

解读散文中的意象，绕不过象征和隐喻。譬如沈从文，他的散文世界，是一个水的世界。他的《湘行散记》就是沿着碧水如画、远山如墨的沅水溯流而上，一路讲述沅水边的人们和他们的生活，间或叙述一个故事或回忆一段往事。水象征阻隔，也隐喻着联结。《诗经》中的"关关雎鸠，在河之洲"，"所谓伊人，在水一方"，都象征着阻隔。所以在沈从文笔下，一湾清水或让他们失去爱情甚至生命，或让他们只能一生在水边痴痴等待。但同时，水也隐喻着联结，水见证着多情的水手与湘西的女人原始清新的爱情，水也联系着湘西的古今，浇灌着湘西的土地，成为不息的生命源泉。在湘西人的血管里，流着湘西的水，这方水成了他们一脉相承的精神纽带。沈从文的散文中，水的原始意象中涌流着文化的精髓，渗透着自然的人性，演绎着湘西的人事哀乐。水的本质是流动、柔韧与包容，又兼之谦和、低下，却又极具韧性，在这条河上沉浮的湘西人的生命无一不因袭了山水一样的美，他们似一溪碧水，澄澈无染，潺潺自由地流淌。

又譬如在史铁生的散文中，地坛的意象同样是象征和隐喻。地坛既是现实存在的人文地理场域，又是史铁生的精神家园。史铁生在《我与地坛》《墙下短记》《想念地坛》等散文中，都用了详尽的笔墨去描写地坛。一个是正值青春年少却双腿残疾的青年，一个是曾经无限尊荣辉煌如今却变成一片荒芜野地的古园。地坛的命运，似乎就是史铁生的命运的象征和隐喻。这样的相似与相遇，给予了史铁生一个心灵疗伤和思考生命的精神家园，他在《我与地坛》中说："它为一个失魂落魄的人把一切都准备好了……在满园弥漫的沉静光芒中，一个人更容易看到时间，并看到自己的影子，去窥视自己的心魂。"地坛对于他来说是一种信仰和依托，是一种回归生命起点的地方。

2. 密度与组合

所谓"密度"，是指这种散文在一定的篇幅中（或一定的字数内）满足读者对于美感要求的分量；分量愈重，当然密度愈大。一般的散文作者，或因懒惰，或因平庸，往往不能维持足够的密度。这种稀稀松松汤汤水水的散文，读了半天，既无奇句，又无新意，完全不能满足我们的美感，只能算是有声的呼吸罢了。然而在平庸的心灵之间，这种贫嘴被认为"流畅"。事实上，那是一泻千里，既无涟漪，亦无回澜的单调而已。这样的贫嘴，在许多流水账的游记和瞎三话四的书评里，最为流行。真正丰富的心灵，在自然流露之中，必定左右逢源，五步一楼，十步一阁，步步莲花，字字珠玉，绝无冷场。

——余光中《剪掉散文的辫子》

余光中所说的"密度"就包括了意象的密度。要说意象的密度，余光中的《听听那冷雨》自然是最典型的例子。在情感的自然流露之中，佳词丽句常令读者目不暇接。作者以冷冷的雨珠，将在一颗敏感心灵中蠢蠢而动的古中国层层叠叠的记忆串起。蒋捷摧心折骨听雨词的哀苦，王禹偁黄冈竹楼冬雪夏雨的意趣；杏花春雨，商略黄昏雨；疏雨滴梧桐，骤雨打荷叶，或是石破天惊的台风暴雨；繁密的意象被作者有机地组合成一幅悠远凄迷的思乡图。在解读散文的意象时，要注意鉴赏其密度与组合，意象有了适当的密度，再加上有主题、有技巧的组合，文章就会丰富精彩，美妙动人。

意象有一定的密度，才有足够的吸引力，读之令人欲罢不能；但也不能过分密集生硬堆砌，表达还需要繁简有致，疏密得体。处理得好，密不透风是一种美，疏可跑马也是一种美。因此，书画中有飞白，乐曲中有休止。泰戈尔有诗曰："幸福就像那些星星，它们不能遍布整个夜空，它们之间有空隙。"即使是人人向往的幸福，也不该是密集得没有空隙的，失去了黑暗的背景，星星便无法闪光。

3. 个性与传承

解读散文的意象，还要留意其个性风格与文化传承。任何一个作家都不可能脱离自己的文化土壤，这文化土壤包括自己的母语背景和异域文化的熏陶。那么，在他自己的笔下，他所创造的审美意象，就不可能是完全孤立的，它既会带着作家自己的个性风格，又会表现出文化传承的内蕴。

譬如余光中的句子："中国最浪漫的一条古驿道，应该在西北。最好是细雨霏霏的黎明，从渭城出发，收音机天线上系着依依柳枝。挡风玻璃上犹泛着轻尘，而渭城已远，波声渐渺。甘州曲，凉州词，阳关三叠的节拍里车向西北，琴音诗韵的河西孔道，右边是古长城的雉堞隐隐，左边是青海的雪峰簇簇，白耀天际，我以七十里高速驰入张骞的梦高适岑参的世界，轮印下重重叠叠多少古英雄长征的蹄印。"这一辆象征着现代的汽车，从唐诗出发，应着古典的节拍，穿越了历史的隧道，在琴音诗韵里驶进深邃的中国文化。古典的意象和现代的意象相反相成，相映生辉，营造出奇妙的审美效果。正如余光中自己所言："真正的高手，在重现、重组古典意境之余，常能接通那么一点现代感或现实感，不让古典停留在绝缘的平面。"

解读散文的意象时不仅要注意其古今传承，也要注意其中西渐染。譬如梁实秋的《鸟》，文中丰富的古典意象和大量西方文学审美意象相互映衬，活色生香。余光中曾这样评价梁实秋："他的谈吐，风趣中不失仁蔼，谐谑中自有分寸，十足中国文人的儒雅加上西方作家的机智，近于他散文的风格。"其文字散发着浓郁的书卷气，引经据典，穿插各种掌故轶事、民俗风情、诗文俚语等等，譬如引自庄子的《逍遥游》的"抟扶摇而直上"，"减一分则太瘦，增一分则太肥"则从宋玉《登徒子好色赋》中的"增之一分则太长，减之一分则太短，著粉则太白，施朱则太赤"化用而来，以及杜甫《绝句》中"一行白鹭上青天"的意象、关于杜鹃的典故意象和生物学知识、济慈的"夜莺"、雪莱的"云雀"、诗人哈代的诗等等，丰富的意象纵贯古今，横跨中西，移步换景，满眼繁花，既有鲜明的个性，又有丰富的传承。

三、解读小说中的意象

英国批评家辛·刘易斯认为："同诗人一样，小说家也运用意象来达到不同程度的效果，比方说，编一个生动的故事，加快故事的情节，象征地表达主题，或者揭示一种心理状态。"意象并不是小说中独立存在的元素，而是环境、人物、情节的构成成分。在小说中，意象或用来结构全文，或用来塑造人物，或用来表现主题，不同的选择，成就作家不同的个性风格。

1. 结构全篇

当代著名学者南帆认为，"意象的象征"是小说象征模式的常见形态，这个特定的意象"明显地介入了小说的结构，从而直接改变了形象体系构成的外观"，有些小说会用某个意象来贯穿作品的整体结构。譬如《红楼梦》中的意象"石头"，它幻化成的美玉是宝玉的象征，更因这玉，木石前盟与金玉良缘的爱情悲剧纵贯作品始终，"石头"的意象统摄了作品的整体结构。又譬如鲁迅的《药》中的人血馒头的意象、《长明灯》中长明灯的意象等等，也是如此。

再譬如张承志的《黑骏马》，其创作冲动源于一首蒙古古歌《钢嘎·哈拉》（即《黑骏马》）。于是，在创作《黑骏马》时，他便"决定了用民歌来结构它——每节歌词与一节小说呼应并控制其内容和节奏"。小说八节全由古歌八段引启，小说的旋律便依次而成，一唱三叹；小说的内容也与古歌的内容相近。在古歌中，"黑骏马"这一意象结构了全诗；在小说中，已被虚化的古歌里的黑骏马的意象贯穿始终结构全篇。

再譬如毕飞宇的《地球上的王家庄》，作者用"鸭子"和"星星"这两个意象来结构全篇：

（1）当"我"痴迷于鸭子时，父亲痴迷于他的星星（"我"的价值观被异化，父亲的生存方式被异化；相比之下，父亲像个幼稚的孩子，"我"反倒像个懂事的成人）。

（2）"我"的鸭子不可数（反复说"八十六只也可能是一百零二只鸭子"），在父亲眼里，星星是可数的，且如数家珍（父亲痴迷"宇宙的黑夜"：美，浩瀚，自由，宁静，祥和；父亲逃避"时代的黑夜"：丑，闭塞，压抑，喧嚣，危险）。

（3）当"我"开始关心"星星"（远方）并付诸行动（"我"率领着鸭子出发了）的时候，"父亲"第一次关心鸭子（"我"弄丢鸭子之后，父亲无比谦卑，给所有的人敬烟，给所有的人点烟）。父亲和"我"的形象此刻完全错位——之前，"我"像成人，父亲像孩子；现在，"我"像孩子，父亲像成人。

（4）爱远方的"我"和爱星星的父亲拥有了同一个名字："神经病"（除了队长和大队支书以外，王家庄的普通社员只有两个人有名字：王爱国、王爱贫。在那个疯狂的年代，要么爱国，要么爱贫，你若爱鸭子，爱星星，你的名字就叫"神经病"）。映衬式的双重叙事形式：喜欢鸭子的"我"和痴迷星星的父亲，双线并进，最终合拢。复调式的悲歌，两代人的悲剧：清醒者的孤独、探索者的悲剧。价值观扭曲的时代，追求真理和光明的正常人反而被定义为"神经病"。

2. 塑造人物

用意象来塑造人物的手法，在鲁迅的小说中很常见。在鲁迅的作品中，意象的构建深深地潜藏在文本的内核之中，其内在的象征性和隐喻性非常典型，其中含义最广、隐喻最为繁复的是隐含在作品中的动物意象。鲁迅通过动物意象表达了对国民性的深刻剖析，其小说中的动物意象是在深刻的生命体验和对人性的深邃洞察的基础上创造出来的，它暗示或表现了社会生活中某些人物的性格特征。

在鲁迅笔下的动物意象群中，"狗"的意象是最多的，可以说贯穿着鲁迅小说创作的始终。"狗"的意象散见在《狂人日记》等八篇小说里。鲁迅先生对"狗"深恶痛绝，在杂文和散文中描画了各种各样的"狗"，在小说中"狗"的意象继承了杂文中的特点，如"赵家的狗"、"时常吃死肉，连极大的骨头，都细细嚼烂，咽下肚子去"的海乙那（《狂人日记》），华老栓在路上"有时也遇到几只狗"（《药》），"躲在暗地里呜呜的叫"的狗（《明天》），静修庵里"追来的是一匹很肥大的黑狗"（《阿Q正传》），去探望好友魏连殳时"我提着两包闻喜名产的煮饼，走了许多潮湿的路，让道给许多拦路高卧的狗"（《孤独者》）……有的狗见到主人便会摇尾乞怜，极尽服从谄媚之能事，而见到陌生人则立即变脸，狂吠护主，咄咄逼人，狗仗人势，恃强凌弱，在主人面前表现其忠勇，邀功请赏，趋炎附势……鲁迅先生笔下的"狗"，既具有动物的自然属性，又具有被豢养之后的社会属性，是自然、社会、文化所共同构建的"复合物"，其象征意义是旧文化、旧制度、旧伦理的卫士。《伤逝》中子君饲养的叭儿狗阿随是另一类，它见证并呼应了子君的命运：阿随的被豢养—遗弃—回归，正是子君命运的写照。作为玩物的叭儿狗似乎隐喻了女性解放运动中个性追求的宿命。

王得后曾指出："鲁迅思想中的人性，是由动物进化而为人所生成的人性，是和动物性（他多用兽性，是动物性的贬义词）相比照而认识的。"用动物意象来塑造人物，鲁迅是信手拈来，涉笔成趣。

3. 表现主题

说到动物意象，这也是萧红故乡题材小说中最为重要的意象。《生死场》中反复出现对山羊、老马、狗的描写，笔触冷峻残酷，《呼兰河传》里也充斥着鸡、鸭、猪、狗、牛、羊、乌鸦等动物意象，这些生活在中国东北乡村的动物们是与人们的命运休戚与共的，它们的命运折射出了人们的命运。正如

《生死场》中所说："等王婆回来，窗外城根下，不知谁家的猪也正在生小猪。"萧红把动物和人类的生育相提并论，说明"在乡村，人和动物一样忙着生忙着死……"，萧红有意模糊了人与动物的界限。甚至，萧红还用动物的意象来将人物降格到动物的状态，以动物的状态去描写人类，给读者以强烈的震撼。《呼兰河传》中的恶婆婆"打猫她怕把猫打丢了，打狗她怕把狗打跑了，打猪怕猪掉了斤两，打鸡怕鸡不下蛋。唯独打这个小团圆媳妇是一点毛病没有"，恶婆婆对待自家的媳妇还不如对待家禽家畜，小团圆媳妇终于被折磨死了。《刑罚的日子》一章中写女人的生产："光着身子的女人，和一条鱼似的，她趴在那里。"月英原本是打渔村最美丽的女人，是众多男子追求的对象，但是结婚之后，却患病且病入膏肓，"她的眼睛，白眼珠完全变绿，整齐的一排前齿也完全变绿，她的头发烧焦了似的，紧贴住头皮。她像一头患病的猫儿，孤独而无望"。萧红在其小说中运用的动物意象揭示了生活在老东北这片黑土地上"迷迷糊糊地生殖，乱七八糟地死亡"的女性生存困境，暴露出凶残暴虐的男性压迫，体现了她对人类生命脆弱、世界残酷冷漠的深刻思考。所以皇甫晓涛说："《生死场》中没有太多的温情脉脉的东西，它所展示的乃是人生最为残酷也是最为真实的一面，而在这里蕴涵的情感则是人类的大爱、大恨和大痛。"

四、解读戏剧中的意象

戏剧中的意象，是作者思想情感、审美理想和理性思考借以显现的感性表象。戏剧意象的创造是使戏剧获得隽永的诗意和深刻的哲理的关键。并非戏剧文本中出现的所有人、物、场景都是戏剧意象，戏剧意象不同于戏剧形象，它是富有象征意义的。韦勒克、沃伦称之为"核心象征"。胡润森教授说："所谓戏剧意象，就是戏剧中在瞬间呈现出的表现理智与感情的复杂经验的某种具体的物态化形象。一个完整的戏剧意象，一般应由这两方面所构成：作为物态化形象的外在表现形式（这可称之为意象的'本体'），以及作为其内在涵义表现的意象的'象征义'。……戏剧意象可以出现在不同流派风格的戏剧里，例如《日出》这样的现实主义戏剧，《鬼魂奏鸣曲》这样的表现主义戏剧，《等待戈多》这样的荒诞剧，其中都存在着意象。但这并不意味着我们认为一切戏剧中都有意象，只有那些直接表现了某种观念或情感的物态化的戏剧形象才叫戏剧意象。……我认为譬如《傀儡之家》《社会支柱》《茶馆》等戏剧作品中就没有戏剧意象。"

那么，如何解读戏剧中的意象呢？

1. 意象的性质类型

首先看戏剧中的意象是表现情感情绪的情绪意象，还是表达哲理观念的观念意象，或是二者兼有的意绪意象。

譬如《等待戈多》中的两个主人公，作为人物，同时也是意象，他们既表现了作者对存在的尴尬处境的深刻体验与感知，又表现了作者执著"求解"的理性思考，属于意绪意象。弗拉季米尔总是在试图思考，负责记忆，保持理性与修养，并且负责反省和维持道德感（譬如他不断地自省"别人受痛苦的时候，我是不是在睡觉"，譬如当被要求讲英国妓院的故事时强硬地拒绝）。爱斯特拉冈则健忘随性，大大咧咧，玩世不恭，愤世嫉俗，言语猥亵，消极而犀利。

与这两个人物意象相关的，值得注意的还有两个事物意象：弗拉季米尔的帽子，爱斯特拉冈的靴子。"帽子"和"靴子"的意象，属于观念意象，它们表达的是作者的哲理思考：两个主人公一个关注头脑，一个关注脚下。一个可谓"形而上"，一个可谓"形而下"。弗拉季米尔代表了头脑、精神和灵魂等与肉体对立的一面，爱斯特拉冈则与之相反，代表肉身以及与肉身相关的若干方面，他感兴趣的话题大抵是关乎物质与肉身。尤其是在波卓出现的时候，爱斯特拉冈表现得谄媚而卑下，在波卓吃剩下的肉骨头和金钱的诱惑面前，他的迫不及待与卑躬屈膝使弗拉季米尔产生了强烈的耻辱感，引来了弗拉季米尔的责备。

2. 意象的组合方式

有的戏剧似乎只有一个意象或性质相近的意象群，集中指向作品的主题；

有的戏剧则有两个意象或意象群，例如《雷雨》中的"暴风雨"意象和与之相对立的"海……天……船……"的意象，两个意象群对立统一，形成了戏剧意象的思想张力与艺术张力；有的戏剧却有多个意象或意象群，散点辐射，多义浑融，譬如《等待戈多》中的人物意象（两个主人公以及从未出场的"戈多"）、事物意象（帽子和靴子），还有自然意象（"树"：两幕的时间都是黄昏，地点都是空荡荡的野外，内容都是两人先出场，冗长的对话之后是波卓主仆二人出场，然后是男孩出场捎口信，到了最后又回到开始的地方。我们完全可以设想，如果该剧有第三幕、第四幕，也必然是重复前两幕的程式。剧中两天的等待，是他们漫长人生岁月的象征，在漫长的岁月里，他们什么也没变。唯一不同的是，第二幕中，那棵枯树一夜之间长出了四五片叶子。这是一个意味深长的细节，如同一个隐喻。作者似乎在告诉我们，树比人更有希望）。这样的多个意象的组合与呼应，让我们从多个维度整体理解人类的生存处境，从而思考并探索命运的真相。

3. 意象的运动轨迹

戏剧意象的运动轨迹主要表现为两种类型：一类是同一意象或同类性质的意象群反复延续，另一类是两个或两个以上意象或意象群此起彼伏，对比互见。

第一类的典型代表是契诃夫的《海鸥》，"海鸥"的意象在该剧中一共八次反复延续地出场并呈现出动态的变化轨迹。斯珀津认为莎士比亚常常以同类意象在同一剧作中反复出现的形式来表达主题，其作用如同歌曲中重复出现的主旋律一样。然而莎士比亚更多地会采用第二种运动轨迹，威尔逊·奈特指出：莎士比亚总是把暴风雨的意象与音乐的意象相对照，以此展开戏剧的冲突和情节，"暴风雨"代表诗人"对冲突与混乱的直觉"，而"音乐"则代表他"对和谐与爱的直觉"。威尔逊·奈特基于这一特征，细致地分析了《威尼斯商人》，指出与暴风雨相联系的意象如何形成剧中的悲剧势力，与音乐相联系的意象又如何形成与之相对的爱与和谐的力量，结果是"传奇征服了悲剧，音乐与爱情的黄金征服了暴风雨"[1]。

　　再譬如《雷雨》中的"暴风雨"意象，这一意象可以细化为"风""雨""雷""电""郁热感""烦闷感"……它们像阴霾笼罩着序幕和尾声之外的每一幕，又如梦魇般覆压在剧中人物的心上；而与之对照的另一意象——周冲幻想中的"海……天……船……"，却是一派天真，一片光明，全然纯净，格外美好。二者此起彼伏，对比互见，让我们看见两个完全不同的世界，表达了作者对现实的审视与思考，以及内心的梦想与追求。

---

[1]　周宁：《想象与权力》，厦门大学出版社，2003年，第391–409页。

第 3 讲

丰富审美体验

体验是美学和美育的核心问题。保罗·德曼说，美学的真正主题就是体验，是一种过程[1]。"体验"（erlebnis）一词最早出现在德国的文献中，到19世纪70年代才成为与"经历"（erleben）这个词相区别的概念。其概念的真正成形，是在狄尔泰出版《体验与诗》等著作之后。从哲学角度来看，"体验"概念包含的不仅是"原始的经历"，其中还存在着与生命的内在联系。

生命既是体验的起点，也是终点，体验与生命是相生相成的。伽达默尔说："生命和体验的关系不是某个一般的东西与某个特殊的东西的关系。由其意向性内容所规定的体验统一体更多地存在于某种与生命整体或总体的直接关系中。"正如施莱尔马赫所说，"每一个体验都是'无限生命的一个要素'"。

---

1 林赛·沃斯特：《美学权威主义批判》，昂智慧译，北京大学出版社，2000年，第223页。

现代技术与文明正在使人类的神经末梢与触角延伸到生活的每一个角落，人类的生存形态和生活方式越来越丰富，然而，生存形态和生活方式的丰富并不等同于生命内涵的丰厚。在语文教育中，应让学生有机会通过各种各样的方式拓展自己的生命空间，丰富自己的生命内涵。个体生命要发展，就必须有丰富的体验。体验的过程不仅仅是学习的过程，还是一种生命成长的历程。

2013年教育部颁布的高中语文课程标准中多次提到"体验"："发展形象思维和逻辑思维，学习多角度多层次地阅读，从文本中发现新意义，获得对优秀作品常读常新的体验"；"注重个性化的阅读，充分调动自己的生活经验和知识积累，在主动积极的思维和情感活动中，获得独特的感受、体验和理解"；"领悟作品的丰富内涵，体会其艺术表现力，有自己的情感体验和思考"；"学会多角度地观察生活，丰富生活经历和情感体验"；"注意从多个角度和层面发现作品意蕴，不断获得新的阅读体验"；"留心观察社会生活，丰富人生体验"；"应该重视语文的熏陶感染作用和教学内容的价值取向，尊重学生在学习过程中的独特体验"；"教师应该鼓励学生用自己的情感、经验、眼光、角度去体验作品，对作品作出有个性的反应，对作品中自己特别喜爱的部分作出反应，作出富有想象力的反应"；"鼓励学生积极参与生活，体验人生，关注社会热点问题，激发写作欲望"；"在朗读和诵读中感受作品的意境和形象，得到情感的体验、心灵的共鸣、精神的陶冶"；"要重视评价学生对作品的整体把握，特别是对艺术形象的感悟和文本价值的独到理解，鼓励学生的个体体验和创造性的解读"……其中，提到"审美体验"的有两处："注重审美体验，陶冶性情，涵养心灵，养成高尚的审美理想和高雅的艺术趣味"；"阅读是搜集处理信息、认识世界、发展思维、获得审美体验的重要途径"。

语文教学中的体验可以有以下几种类型：

在阅读中体验：让学生用完全敞开的心灵去阅读，去感受，把阅读学习的过程当成自己生命体验的过程，真正融入作者的感情世界，与作者进行心灵的沟通，进行生命的对话。这些语言文字中饱含着前人的生命体验，蕴藏着生活的哲理与智慧，流淌着生命的血液。语文教育就是要在这个丰富的生命世界中唤醒、增强和丰富学生的生命体验，并使学生获得生命表达的新的形式。

在活动中体验：这里所说的活动既指课堂内的语文学习活动，也指课外的语文实践活动。学生通过对课程运行中一系列活动的参与，体验着一种生命的意义，或者说他们是用这种活动诠释着生命的价值，表达着生命的激情。因此，活动参与过程就是学生生命体验与成长的过程，这种体验使学生在课程运行中不断获得发展自己的动力。

在生活中体验：教师要注意拓展学生的人际交往空间和现实生活空间，使学生多角度、多层面地充分体验生活的乐趣和生命的意义。为学生提供广阔的思维、想象、创造的天地，让学生在充满灵感、充满激情、充满理想的生活过程中，生命体验得到充实和丰富。

下面重点谈谈如何在阅读教学中丰富学生的审美体验。首先说说什么是审美体验。

审美体验是审美活动的重要内容，是一种极其复杂微妙的心理活动。刘勰在《文心雕龙》中曾用"神思"来指称我们今天所说的审美体验："形在江海之上，心存魏阙之下。……故寂然凝虑，思接千载；悄然动容，视通万里。"这种"神思"，类似于克罗齐所说的"知识有两种形式：不是直觉的，就是逻辑的；不是从想象得来的，就是从理智得来的"中的"直觉的"和"想象得来的"。审美体验基于观察又远远超越了观察，它是一种更具内省性和反思性的精神或心理活动，在本质上具有一种回还往复于冥想中的类似性。体验往往凭借凝神观照，在感性直观中甚至在出神的陶醉中，在主、客体统合中，将自身与客体一同置于运动之中。[1] 也就是说，审美体验的本质，是其最终达成的"无我与忘我"，或曰"物我为一""天人合一"。审美体验的最高境界是生命的本真之"思"，是个体对此在的本真敞开和去蔽澄明，也是对存在的本

---

[1] 阿多诺:《美学理论》，王柯平译，四川人民出版社，1998年，第143页。

源追问。

宗白华把审美体验分为直观感像层、活跃生命层、最高灵境层三个层次。李泽厚提出悦耳悦目、悦心悦意、悦志悦神的审美体验三境界说。叶嘉莹创立了"兴发感动"的三层次论:第一层次是"美感的感知"——对所叙景物情事多作"客观的描摹","属于官能的触引";第二层次是"情意之感动"——"盖多属于主观之感情",即所谓"情感的触动";第三层次是"感发之意趣"——"在官能的感知及情意的感动之外,更别具一种属于心灵上的触引感发的力量"。审美体验的过程是一个动态渐进的过程,层次越高,就越"形而上",主观色彩也就越浓郁。

作为一种心理活动,审美体验的过程大致由三个阶段构成,即发现表象—拆解表象—重构表象。庄子的《庖丁解牛》所描述的庖丁解牛的三个阶段,正好与审美体验的三个阶段完美对应,可以算作是对审美体验的三个阶段最精妙的阐释。第一阶段"发现表象":"始臣之解牛之时,所见无非牛者";第二阶段"拆解表象":"三年之后,未尝见全牛也";第三阶段"重构表象":"方今之时,臣以神遇而不以目视,官知止而神欲行"。"发现表象"时只是获得了对事物的外部印象,"拆解表象"后所见的是更深层的东西,整体把握了事物的内部结构,"重构表象"则是进入体验的更深层次,是用整个心灵去感受和感悟生命意象及其深层内涵,把握意义的统一体和生命的统一体。

文学作品既是创作活动的终端,又是审美体验的开端。如何在文学作品的阅读教学中丰富学生的审美体验,达到深层的文学教育目的呢?

阅读教学中的审美体验,可以大致分为三个层次:第一层次是直觉体验,第二层次是认同体验,第三层次是反思体验。

一、直觉体验

在阅读教学中,直觉体验指的是主体对于文学作品的语言、画面、情绪、意韵等的第一感受。就好像我们看见一朵花时,无须联想、想象和思考,花的颜色、形态和芳香直接就刺激到我们的感官，让我们瞬间就能产生一种心灵的愉悦。又好像我们看到一幅画，还未理解画的主题时，直接就为画的颜色和构图所吸引，眼前一亮，心生欢喜。

直觉体验是基础层次的体验，主体基本处于被动接受的地位，直接从对于审美对象的外在感性形象的感受与知觉中获得愉悦。对于审美对象的美，主体能够感受到，但往往知其然而不知其所以然，正因为如此，直觉体验的客观性程度较高，梅洛-庞蒂说："我们的知觉指向物体，物体一旦被构成，就显现为我已经有的或能有的关于物体的所有体验的原因。"也就是说，我看到它，感受到它，是因为它直接呈现在我眼前，我所进行的只是一个简单的接受的过程，是直觉的反应，不是符号过程，我没有运用联想和想象，没有进行思考和鉴赏，它就是美，美在那儿，让人无法忽视它的存在。今道友信认为：美是直接的感知，是活生生的，确确实实的感知。美不是思索的对象，而是感觉的对象。美确实是直接与视觉、听觉或感觉、感情有关的。当人们一听到某种旋律或和声时，马上就会被吸引；当读到或听到某首诗时，立刻就会觉得它美。一般不会深思熟虑后才喜欢起某首诗或某个乐曲。[1]对于一篇好文章也是如此，我们往往读第一遍甚至读第一段或者第一句就拍案叫绝，然而对于它为什么好却不甚了然，再读，细品，才能慢慢发现它为什么好。

对于事物外部印象的直觉体验是认同体验和反思体验的基础与前提。只有当审美主体的头脑中留下某种事物或现象的生动直观的映象之后，才有可能对它们产生更深入的情感体验，进而探索其意义和内涵，并且对它们作出鉴赏和评价。因此，直觉体验在审美体验的整个心理活动过程中占有重要地位。

所以，在阅读教学中，教师首先要甄选精美动人的文本，用文本自身的美来吸引学生。理解并尊重学生的心理特征和认知规律，投其所"好"，让他们跟真正有价值的文本相遇，是在阅读教学中成功渗透审美教育的前提。就

---

[1] 今道友信：《关于爱和美的哲学思考》，王永丽、周浙平译，生活·读书·新知三联书店，1997年，第164–168页。

好像一个好的厨师，他绝不会要求客人为了某种"责任"或者"义务"而去勉为其难地品尝他的手艺，他会用他的精湛厨艺烹调出色香味俱全的精美佳肴，让他的作品本身直接诱发客人的食欲。精彩的课堂亦如是。你必须用一切美好的元素（包括文本选择，包括教学设计，包括教师的思想、语言和仪态等等）来吸引学生，而不是勉强他们很听话、很顺从地来"配合"你，我写过一篇文章——《只能抓住"好孩子"的课不是好课》，说的就是这个意思。

我经常给学生引入课外文本、经典名著导读以外，精美绘本、时文短篇、艺人的跨界之作、网友的精彩段子、热门时事新闻、有内涵的影视节目、有创意的三行情书等等，都常常成为我阅读教学的"活水"。那些新鲜、美妙、动人的元素，会直接激发学生的直觉体验，在此基础上，引导他们进入更深层次的体验和鉴赏才成为可能。

二、认同体验

我们当然不能也不可能止步于直觉体验，因为直觉其实在很大程度上依赖于主体的人生阅历和生活经验。一个人的人生阅历和生活经验越丰富，知识越广博，他的直觉就越敏锐越丰富，他从对象中看到的东西便越多。[1] 所以，朱光潜也说："直觉就是凭着自己情趣性格突然间在事物中见出形象，其实就是创造；形象是情趣性格的返照。""在聚精会神的观照中，我的情趣和物的情趣往复回流。有时物的情趣随我的情趣而定，……有时我的情趣也随物的姿态而定，……物我交感，人的生命和宇宙的生命互相回还震荡，全赖移情作用。""'移情作用'是把自己的情感移到外物身上去，仿佛觉得外物也有同样的情感。"

朱光潜所说的"物我交感"的"移情作用"，就是审美体验的第二层次：认同体验。认同体验与直觉体验的最大区别，就是有了主体想象和移情的介

---

[1] 彼得罗夫斯基：《普通心理学》，朱智贤等译，人民教育出版社，1981年，第277页。

入,当主体开始驱动自己的想象和移情时,审美体验这一心理活动的重心就渐渐由客体向主体偏移,此时,直觉体验就上升为认同体验。认同体验是在直觉体验的基础上发生发展的,是审美体验的进一步深化和提升。所谓认同体验是指在审美活动中审美主体与审美对象发生情感上的共鸣,审美主体在想象中移情于物,把自己当成了那个审美对象("物我为一"或曰"天人合一"),或者由审美对象联想到与自己有关或曾使自己感动过的其他事物。

认同体验一般有三种表现形式:一是审美主体把自己或他人认同于审美对象,譬如把自己或心上人认同于玫瑰花;二是审美主体把审美对象认同于另一抽象事物,譬如把玫瑰花认同于爱情;三是审美主体将自己的情感移入审美对象,把审美对象拟人化,譬如李白的诗句"相看两不厌,只有敬亭山"(《独坐敬亭山》、"春风不相识,何事入罗帏"(《春思》)、"山花向我笑,正好衔杯时"(《待酒不至》),诗人对于自然山水之美的认同体验往往表现为人与自然的直接交流或者物我为一。

审美体验中的认同体验可分为创作认同体验和欣赏认同体验。前者基于创作者的角度,后者基于阅读者的角度。

我们先从创作者的角度来看创作认同体验。作者在写作的时候,往往把自己投射到对象中去,成为被塑造的对象本身,从而体验各式各样人物的复杂的内心世界,甚至把非人的东西拟人化,作者对笔下的人和物倾注了全部的感情,使其成为"生气贯注"的活的生命。福楼拜在他的信札里描写他创作《包法利夫人》的经过时说:"写书时把自己完全忘去,创造什么人物就过什么人物的生活,真是一件快事。比如我今天就同时是丈夫和妻子,是情人和他的姘头,我骑马在一个树林里游行,当着秋天的薄暮,满林都是黄叶,我觉得自己就是马,就是风,就是他们俩的甜言蜜语,就是使他们的填满情波的眼睛眯着的太阳。"[1] 洛夫说:"作为一个诗人,我必须意识到太阳的温热也就是我血液的温热;冰雪的寒冷也就是我肌肤的寒冷;我随云絮而遨游八方,

---

1 朱光潜:《文艺心理学》,漓江出版社,2012年,第37页。

海洋因我的激动而咆哮。我一挥手，群山奔走；我一歌唱，一棵果树在风中受孕；叶落花坠，我的肢体也碎裂成片；我可看到山鸟通过一幅画而融入自然的本身；我可以听到树中年轮旋转的声音……"老舍谈剧本创作时说："我是一人班，独自分扮许多人物，手舞足蹈，忽男忽女。"博尔赫斯在印第安纳大学的讲座上也曾坦言："我写的总是身处各种不可能的状况下的我自己。就我所知，我还不曾创造过一个人物。在我的小说中，我以为惟一的人物就是我自己。我将自己扮作加乌乔，扮作街头恶棍等等。"作家在构思中用"白日梦"的方式幻想着自己成为各种角色，借助这种认同体验来塑造各种艺术形象。帕慕克在2008年中国十日行时，在北大附中的一场题为《隐含作者》的演讲中，他这样描述他的文学创作心理活动："我们选择某些话题，构架我们的小说，以满足我们白日梦的需求。……只要我们坐下来写作，这些白日梦就赋予了我们生命，就像一阵不知从何处吹来的风，吹动了风弦琴。……因为小说就是新世界，我们可以借助阅读愉快地，甚至借助写作更充分地畅游其中……我会即刻将那个每日熟悉、枯燥的世界抛至身后，沉浸到这另一个更广阔的空间，自由翱翔；我简直永远不希望回到真实生活中，或者抵达小说的最终。"

那么，当创作者借助创作认同体验畅游于他们的"白日梦"中的时候，阅读者同样也可以借助他们的欣赏认同体验来邀游于一个自由的新世界。欣赏认同体验是指欣赏主体在审美想象中以作品中的人物自居，与作品中的人物融为一体，参与到虚构人物的内心生活之中，或者与作品中的人物产生情感共鸣。欣赏认同体验其实也包含着创造的成分，朱光潜说："物的形象是人的情趣的返照。物的意蕴深浅和人的性分密切相关。深人所见于物者亦深，浅人所见于物者亦浅。比如一朵含露的花，在这个人看来只是一朵平常的花，在那个人看或以为它含泪凝愁，在另一个人看或以为它能象征人生和宇宙的妙谛。一朵花如此，一切事物也是如此。因我把自己的意蕴和情趣移于物，物才能呈现我所见到的形象。我们可以说，各人的世界都由各人的自我伸张而成。欣赏中都含有几分创造性。"

认同体验是产生审美快感的重要原因之一。正如德国"康斯坦茨接受美学"创始人汉斯·罗伯特·耀斯所说:"审美经验不仅仅是视觉(感受)的领悟和领悟(回忆)的视觉:观看者的感情可能会受到所描绘的东西的影响,他会把自己认同于那些角色,放纵他自己的被激发起来的情感,并为这种激情的宣泄而感到愉快,就好像他经历了一次净化。"在与主人公的情感认同中,他在日常生活中被忽略或压抑的情感便无拘无束地绽放开来,完全地舒张心灵,彻底地宣泄激情。认同体验满足了人们舒展心灵放飞自我的强烈欲求,让真实的自我全面绽放,让主人公代替自己实现在尘世间无法实现的理想。

阅读教学就要引导学生进入这种认同体验,让他们在与作品产生情感共鸣的基础上获得情感的净化和灵魂的升华。事实上学生比教师更容易产生认同体验,与作品发生情感共鸣,朱光潜说过:"人情化可以说是儿童所特有的体物的方法。人越老就越不能起移情作用,我和物的距离就日见其大,实在的和想象的隔阂就日见其深,于是这个世界也就越没有趣味了。"所以,孩子比大人更容易动情也更容易移情。譬如我在讲几米的绘本《蓝石头》的时候,摄像师说有两个男生落泪了,我没注意到,但我相信,他们一定是对蓝石头的命运产生了认同体验,与蓝石头的情感产生了共鸣。

三、反思体验

审美体验从直觉出发,但它不可能停留于单纯的直觉感受("感知"与"领略"),也不应当止步于想象和移情的介入("认同"与"共鸣"),甚至不应当满足于情感的净化和灵魂的升华("陶醉"与"洗礼"),它还应当渗透着理性的认知,折射出智慧的光芒。当审美直觉、审美想象和审美情感中渗透进认知和理智时,直觉体验和认同体验就升华为反思体验。朱光潜说:"美是事物的最有价值的一面,美感的经验是人生中最有价值的一面。"美感经验可以使我们变得更睿智、更灵慧,审美本身是能够启发人的思想和智慧的。譬如读一则好的寓言故事,每每带给我们最重一击的就是那最后的哲理提炼,那精深警策的意蕴让人瞬间开悟,获得灵魂的升华。

林赛·沃斯特说:"在我们获得体验之前,我们必须首先进入这样一种赤裸裸的贫乏之中。这种体验是无法被概念化的……拥有审美体验意味着从认识的领域穿过并进入力量的领域。"只有升华为反思体验的审美体验,才具有"从认识的领域穿过并进入力量的领域"的可能。

反思亦即反省。朱光潜说:"所谓反省,就是把所知觉的事物悬在心眼里,当作一幅图画来观照。"他又说:"创造是造成一个美的境界,欣赏是领略这种美的境界,批评则是领略之后加以反省。领略时美而不觉其美,批评时则觉美之所以为美。不能领略美的人谈不到批评,不能创造美的人也谈不到领略。批评有创造欣赏做基础,才不悬空;创造欣赏有批评做终结,才抵于完成。""在批评时我是我而作品是作品,我不能沉醉在作品里面。批评的态度要冷静,要脱离沉醉的状态,对于所观照事物加以公平正直的估价。"朱光潜所谓的"批评",就是审美的反思体验。这种"批评"不能是"司法式"的批评,"因为它所根据的标准大半是一些陈腐的格律,而不是自己的切身的经验"。[1]

反思体验指人们对外在生活世界和自身心灵世界的内省式把握。反思体验具有超越性,它既超越了人所处的具体情境,又超越了这情境直接引起的心理反应,因此,反思体验是一种再度体验,或者说是对体验的体验。[2] 反思体验同样可分为创作反思体验和欣赏反思体验。

从创作者的角度来说,苏轼的"人有悲欢离合,月有阴晴圆缺,此事古难全"和"人生如梦"就是他在人生失意后对整个人生和命运的反思与了悟。这种了悟升华为审美体验,超越了经验世界。从阅读者的解读来说,当我们读到苏轼的这个句子的时候,同样也会联系自身的生活体验以及人生阅历,在与苏轼的情感产生共鸣的基础上,对他的反思产生认同体验并且进行再反思,从而产生阅读者自己的反思体验。譬如,悲欢离合恰是有真实性和生命

---

1 朱光潜:《文艺心理学》,漓江出版社,2011年,第73页。
2 童庆炳:《现代心理美学》,中国社会科学出版社,1993年,第322页。

感的人生常态（只有失去了生命力的事物才能处于完全的静止），阴晴圆缺恰是千姿百态变化不居的自然风景（每一种风景都有它自己独特的美），人生若能做到不求全责备，凡事都随缘而适，自然能够"华枝春满，天心月圆"。

体验的三个层面往往是交替出现并相互影响的。请看这个例子："出了城，一阵风吹过，已有黄叶飘落。每见到秋风落叶，华山总要想起飘零沦落这样的词语。这自然景象，多么像人的一生，春天发芽，嫩黄，生机勃勃，夏天茂盛，郁郁葱葱，秋后老来，一片萧索。时已值深秋，华山的心情多像这凄凉季节，不过，这眼前的寒凉，是为了长远的春天的到来，也是一件大好事。"[1]主人公见到秋风过处黄叶飘落，这是直接的知觉体验；由秋风落叶联想到飘零沦落这样的词语，这是认同体验，把秋风落叶认同于飘零沦落的人生境遇；想到四季景象像人的一生，再想到秋天的凄凉是为了长远的春天的到来，对自然景象的知觉体验上升为对人生境遇和命运的思考，这就是反思体验。如苏联心理学家瓦西留克所说："体验活动的结果总是一种内部的主观的东西——精神平衡、悟性、心平气和、新的宝贵意识等。"

没有直觉体验就不会有认同体验和反思体验，认同体验和反思体验是对直觉体验的深化和拓展。同时，当反思体验逐渐"进化"的时候，它又会反过来影响直觉体验和认同体验，这就是朱光潜所说的"深人所见于物者亦深，浅人所见于物者亦浅"。

1　郭馨允：《小城闲记》，作家出版社，2000年，第496页。

第4讲 激活审美情感

情绪心理学认为，人的认识能力和创造性发展是先天适应性和后天习得能力交互作用的结果，其中，人的情绪起了根本的或先在的"内在动机"作用。

我们总是习惯于对孩子说"你应该这样，不应该那样"，或者"你那样是不对的，这样才对"，我们企图用理性去教育孩子，这是对孩子的心理发展规律的无知或无视。卢梭说："在人的一切官能中，理性这个官能可以说是由其他各种官能综合而成，因此它发展较为缓慢，也最难于发展；但是有些人还偏偏要用它去发展其他的官能！认为一个有理性的人是一种良好教育的优异产物。正因为这个缘故，人们就企图用理性去教育孩子！这简直是本末倒置，把结果当作了手段。如果孩子们真能懂得理性的教育，那么，他们就没有必要接受教育了。"卢梭认为，应当"培养他的爱心和感觉，也就是说，用情感来完善他的理性"。他说："我们这个时代的错误之一，就是过多地使用了冷静的理性，好像理性是人的一切。单凭理性，是不能发挥作用的，它有时候可以约束一个人，但很少能够鼓励人，它不能培养任何伟大的心灵。"

费尔巴哈说："人的本质是感性，而不是虚幻的抽象精神。"马克思充分肯定了费尔巴哈的美学思想，确认人是感性的、自然的存在物，他一再强调感性生活的重要性，认为人性的丰富和发展，人的需要的满足和提高，无一不是通过感性的方式来实现的。在《1844年经济学哲学手稿》中，马克思提出了人的三种自我确证方式，一种是实践方式，另外两种是思维方式和感觉方式。他说："人不仅在思维中，而且以全部感觉在对象世界中肯定自己。"他指出感性"必须是一切科学的基础。科学只有从感性意识和感性需要这两种形式的感性出发，因而，科学只有从自然界出发，才是现实的科学。可见，全部历史是为了使'人'成为感性意识的对象和使'人作为人'的需要成为需要而作准备的历史"。早在博士学位论文中，马克思就认为："是自然在听的过程中听到它自己，在嗅的过程中嗅到它自己，在看的过程中看见它自己。所以，人的感性是一个媒介，通过这个媒介，犹如通过一个焦点，自然的种种过程得到反映，燃烧起来形成现象之光。"

苏联心理学家鲁克说："个人的情绪经验愈是多样化，就愈容易体会、了解、想象别人的精神世界，甚至会有'密切的情感交流'。"心理正常的人在任何活动中都富于情感，他不论做什么，从来不以漠不关心、无动于衷的态度去对待，而是以活泼的情感倾注在任何工作中。这样的人对待周围的人总是表露出友好的情谊。[1]蔡元培甚至把美育的功能直接解释为化育情感："人人都有感情，而并非都有伟大而高尚的行为，这由于感情推动力的薄弱。要转弱而为强，转薄而为厚，有待于陶养。陶养的工具，为美的对象；陶养的作用，叫作美育。"

情感给了人类丰富的内心体验，大大提升了生命生存的内在价值，给人类生活一种无可替代的享受体验价值。情感的缺乏或冷淡，在人生中是一种

---

1 鲁克：《情绪与个性》，李师钊译，上海人民出版社，1987年，第237页。

丑，在艺术中也是一种丑。李斯特威尔在《近代美学史述评》中这样说道："广义的美的对立面，或者反面，不是丑，而是审美上的冷漠，那种太单调、太平常、太陈腐或者太令人厌恶的东西。"情感的丰富，无论对于艺术还是人生，都是一种美。

就好像黛玉和宝钗的形象，如果从"实用价值"来考虑，宝钗肯定更受欢迎，但若从文学的审美价值来考虑，却是黛玉的形象更为深入人心。宝钗为了礼仪与大局（实用价值），压抑甚至消灭了自己的情感（审美价值），她在人事关系上取得了极大的成功，结果是她自己成了生命的空壳——她成了一个健康、周全、无可挑剔却没了性情的纸上美人，如同她日常服食的"冷香丸"一样，她精致芳香，却没有了情感的温度和率真的性情。在道德意义上，她可谓善，但在美学意义上，她算不得美。因为从美学意义上说，情感的活跃是美，而情感的冷漠是丑。

看电影电视也是一样，很多影视剧的情节通常根本经不起逻辑的推敲，但我们还是忍不住会去追。反思个中缘由，其实这些故事并非真的毫无逻辑，它们有自己的逻辑：情感的逻辑。

艺术情节不是宿命的因果，也不是科学的逻辑，它是一种情感的审美。它以情感的逻辑超越理性的逻辑，是情感的因果，不是理性的因果，是主观的，甚至是幼稚任性的情感逻辑，它与现实的逻辑不一样——因为不一样，所以吸引人。就像童话或者神话世界，里面的一切环境甚至事件都不真实，唯独故事里面的人的情感，跟我们这些平凡人一模一样，完全可以实现共鸣。如果失去了情感的桥梁，它们对我们而言简直就是不知所云。

童话和神话思维创造的世界，从科学思维的角度来看，是荒谬的，是虚假的；但从情感思维的角度来看，是合理的，是真实的。它以一种超拔现实的幻想的方式含蓄地表现了人类的爱与恨、恐惧与希望、欢乐与悲哀等情感，寄托了人类对现世的各种关切和愿望，以及他们对永恒、绝对、终极价值的追求。所以，卡西尔说："神话的真正基质不是思维的基质而是情感的基质。"在古代，祭礼和神话是情感化育的初级形式。正是人类的审美情感创造了人类的精神文化,一切文学艺术都是审美情感的物化。

黑格尔认为艺术作品"用意在于引起情感,说得更确切一些,引起适合我们的那种情感,即快感",在艺术里感性的东西经过了心灵化,而心灵的东西也借感性化而显现出来。亚里士多德说:"情感是所有这样的感觉:它们改变着人们,影响着人们的判断,并且还伴随着愉快和痛苦的感觉。"在对文学作品进行审美观照时,情感的力量促使读者欣赏生命之美,领悟生命之思,感受生命本身的动态过程,也促进读者自身的生命成长。

所以,语文教学必须从涵育主体心灵、丰富主体情感出发。激活主体的审美情感,是语文教学的核心价值之一。那么,在教学实践中如何去实现这一价值目标呢?

一、情境的精心营造

每一篇文学作品都承载着作者的情感思想,流露着作者的精神气质、个性风格和生活阅历。在文学作品中,没有完全客观的、不表现任何情感的文字。朱光潜在《情与辞》一文中说:"人是有情感的动物,而情感是容易为理、事、物所触动的。许多哲学的、史学的甚至于科学的著作都带有几分文学性,就是因为这个道理。我们不运用言辞则已,一运用言辞,就难免要表现几分主观的心理倾向。"一篇文章如果过于冷静和理性,缺少了情感的推动,也是无法打动或影响读者的。正如鲁迅的一切忧愤深广,都只是因为"爱得深沉"。一个没有情怀的人,大抵也不会有什么思想。只有精心营造情境,激活学生的审美情感,阅读才不再只是单纯的知识传授和技能训练,而是主体身心和人格健全发展的生命过程。

譬如讲王鼎钧的《那树》,我在课堂导入时用了濮存昕朗读的公益片《大自然在说话·红木》,学生马上为短片中的情境所震撼,受到强烈的感染。接下来我问他们是否愿意也做一次朗读者,挑选《那树》这篇课文中的片段进行配乐朗读,学生兴趣高涨,争先恐后,他们的朗读声情并茂,在朗读的过程中，学生已经与作者的情感产生了共鸣，并对主题有了初步的理解。充分的朗读热身之后，才进入文本的内容赏析与语言品味。最后讨论主题时，我又将从电影《阿凡达》中截取组合的关于家园树的短片（卡梅隆版的《那树》）播放给学生看：家园树神秘美丽、庇佑族人、见证爱情以及最终惨痛被毁的画面，让人深入思考人类与自然的关系。正如《树的秘密生活》这本书所告诉我们的，对于树，我们的浪漫性追求与我们的功利性追求常常将我们和它们的关系置于尴尬的处境。走向任何一个极端都是不能指望的。还是让我们作为一个共同体中的朋友来了解它们，欣赏它们，并怀着息息相依的感情对待它们，因为这是我们持久相处，我们共同的家园持久存在的基础。

"没有任何智慧是可以不经由感觉而获得的。"托马斯·阿奎纳如是说。没有震撼就不可能有受教，犹如磐石没有裂缝就流不出泉水。情境的精心营造，就是为了制造震撼，打开心门，让一切可能在课堂上发生。

二、提问的巧妙设计

平铺直叙的课堂不会有激活审美情感的力量。怎样才能于平地掀起波澜，让一个单调的平面变成有立体层次的空间，打开学生惊奇的双眼，从而打开他们好奇的心门呢？

要靠提问的设计。课堂教学中如何设计提问，是一门学问。具体方法我在《语文不过如此》一书中有详细的阐述：如何发问（有疑处发问、无疑处发问、求同处发问、求异处发问），如何追问（追根溯源、顺藤摸瓜、见缝插针、反向求证、拓展迁移、情感助澜），如何促问（以矛盾促之、以材料促之、以置换促之、以悬疑促之、以情境促之、以活动促之）。限于篇幅，这里无法一一展开，列举我最新的一节公开课《清兵卫与葫芦》的提问设计作为例子来陈述吧。

在讨论情节的矛盾冲突的时候，我提问："清兵卫和大人们的根本矛盾是什么？"（这是追根溯源法）经过讨论得出结论：首先是价值观上的矛盾，大人们追求"有用",清兵卫追求"有趣";然后是审美观上的矛盾,大人们追求"奇特",清兵卫追求"平凡"。我们在文中找到许多依据:教员和父亲反复强调"这种小孩子"(迷恋葫芦的孩子)将来是"不会有出息的""没出息的",最后的事实给了他们一记响亮的耳光,清兵卫痴迷葫芦虽然只是为了"玩"("清兵卫常常买了葫芦来玩"),但这些葫芦经过他的"收拾",变成了价值昂贵的艺术品(从"一毛钱"的价格升值为"六百块")。大人们急功近利追求的"有用",反而是一种短视和无知。在审美观上,大人们感官麻木,对自然世界的美早已熟视无睹,平凡的事物已经无法刺激到他们的感官,他们在日常的生活中已经无法发现美,所以他们追求"奇特"(客人:"阿清,这些并不见什么好,再去买几个奇特点的来呀";父亲:"马琴的葫芦……那才是出色的呢。……又大又长"),只有奇特而新异的事物才能刺激到大人们麻木的感官,然而清兵卫以孩子敏锐的感官和善感的心灵在寻常事物身上发现了美。他所喜欢的"大抵都是葫芦形很周正的平凡的东西","看那模样是很普通的,他却喜欢得什么似的"。

这样的提问激活了学生的审美情感,他们联想到生活中自己的切身体验,他们与大人的代沟与矛盾冲突,其实往往也是价值观与审美观的冲突。这一环节促进学生作深入思考,为下一步理解作品的主题作了充分的铺垫。

三、文本的深度解读

恩斯特·卡西尔说:"艺术使我们看到的是人的灵魂最深沉和最多样化的运动。"如果我们对文本的解读只是浮光掠影,留在我们脑子里的便只能是一些概念化的东西,没有深度的文本解读,就无法激活阅读者(不仅指学生,也指教师自己)的审美情感,这样的阅读是不可能产生鲜活的形象的,教师自己无法看见文本最深处的风景,自己的审美情感也便无法被激活,自然也就很难带给学生审美情感的激活,最终会造成优秀文本的资源浪费。只有深度解读才具有深度魅力、深度震撼、深度价值和深度效应——尤其对于经典。

譬如曾经有学生问我:"《飘》中的女主角郝思嘉,明明满身缺点,贪恋金钱,爱慕虚荣,对待婚姻那么随便,可是为什么我并不讨厌她?"我笑着告诉她,我不仅不讨厌她,而且,她是我在中西方文学中最喜欢的一个女性形象。因为她的身上充满了生命的力与美。她有勇气,有担当,个性明朗,率性真实,热爱自己的家园,用自己的全部力量去守护土地和亲人。对于她的情敌媚兰,在生死攸关的时刻,她能冒着生命危险,冲过熊熊的战火,将其护送到安全地带。她和男主人公白瑞德一样,都是那种即使有一百种罪恶,却也有一千种善行的人。因为真实,所以她有瑕疵。她跟我们在同一个维度上,而不是高高在上道德完美的神,正因为如此,她以一个凡人的力量所做的一切善行,比无所不能的神所做的更能震撼人心。这样一说,她豁然开朗了,第二天的课前三分钟,她就给大家介绍了这部小说。

在《语文不过如此》一书中,我对于文本的深度解读的思维方式也有详细的阐释。

譬如辐集式:"辐集思维"也叫作"聚合思维""收敛思维"或"集中思维",是指在解决问题的过程中,尽可能利用已有的知识和经验,把众多的信息和解题的可能性逐步引导到条理化的逻辑序列中去,最终得出一个合乎逻辑规范的结论。在众多的现象、线索、信息中,向着问题的某一个方向思考,根据已有的经验、知识,去得出最恰当的结论。

譬如纵横式:纵横式分为内联式纵横和外联式纵横两种。内联式纵横是在文本内部的纵向关联对比和横向关联对比。譬如我对于《项脊轩志》一文的解读,就有内联式纵横思维:有纵向关联对比(开篇在项脊轩中偃仰啸歌、意气风发的少年归有光,跟后文逐渐零落、孤身一人、万念俱灰的中年归有光的对比),也有横向关联对比(对母亲、祖母、爱妻这三个女人的离世,归有光的心情和表现同中有异)。外联式的纵横是不同文本之间的关联对比,即通过主题联想,纵横拓展,联系相关作品,利用思维整合实现阅读迁移与文本互补,以形成一个阅读链,学生所接受到的意义和情感场就会更加丰富,对文本的理解也会更加深刻。例如我们阅读《世间最美的坟墓》,自然就会联想到《巴尔扎克葬词》等等。

譬如俯瞰式：说明白一点，就是像上帝一样思考。文学的问题归根结底就是人性的问题，也是哲学的问题。我们必须攀登到至高处，以上帝的眼光和情怀，俯视这个世界，才能看见人性的真相和人类真实的生存处境。

四、材料的类比拓展

对于文学类的文本而言，借助有效的材料类比与拓展，能够走向文本的灵魂核心，能够解开作者的心灵密码，能够对作品中的情感与主题理解得更深刻、更思辨。

所谓材料的类比拓展，就是教师在教学中引入与课文的整体主旨、局部形式或某些细节相类似的材料（文本的、图片的、音频的、视频的均可，文本最为常用），通过联系和比较，引导学生去发现和归纳它们的相似之外，从而揭示现象背后的本质，理解个案背后的共性。要培养学生"善于联系""长于比较"的思维品质。卢梭说："凡是能够按真正的关系形成观念的心灵，便是健全的心灵；凡是满足于表面关系的心灵，则是浅薄的心灵；在比较观念和发现关系方面的能力是大或是小，就决定了人们的智力是高还是低。"

当然，切记不要为了拓展而拓展，不要为了显示自己的博学而拓展，不要为了课堂看起来丰富而拓展，我们的一切教学行为，都要指向文本的灵魂核心，指向文本中的情感生命，进而引发文本外的生命与文本中的生命在情感和思想上的同频共振。

我们还是以《清兵卫与葫芦》为例。当我们进入对小说主题的讨论环节时，我们发现这篇小说的主题是多元的，但其核心主题是批评了"大人们"对孩子天性天赋的粗暴扼杀，表达了对个性自由发展的追求。这时，我出示了一则文本材料："因为将来的运命，早在现在决定，故父母的缺点，便是子孙灭亡的伏线，生命的危机。……所以觉醒的人，此后应将这天性的爱，更加扩张，更加醇化；用无我的爱，自己牺牲于后起新人。开宗第一，便是理解。……孩子的世界,与成人截然不同;倘不先行理解,一味蛮做,便大碍于孩子的发达。……第二,便是指导。……决不能用同一模型,无理嵌定。长者须是指导者协商者,却不该是命令者。……第三,便是解放。……父母对于子女,应该健全的产生,尽力的教育,完全的解放。(鲁迅《我们现在怎样做父亲》)"我问学生:"鲁迅说得好不好?"学生说很好。我又问:"那么鲁迅自己做得好不好?"学生一开始愣住了,沉默了一会儿,一个男生说:"他自己并没有做到。我们初中时学过他的一篇散文《风筝》,他在其中的表现跟这篇小说中的教员和父亲并没有什么区别。"他的回答正好契合了我的预设。我继续展示我从《风筝》中节选的文本:"我是向来不爱放风筝的,不但不爱,并且嫌恶他(现在写作'它'),因为我以为这是没出息孩子所做的玩艺。……远处的蟹风筝突然落下来了,他惊呼;两个瓦片风筝的缠绕解开了,他高兴得跳跃。他的这些,在我看来都是笑柄,可鄙的。……凳上是一对做眼睛用的小风轮,正用红纸条装饰着,将要完工了。我在破获秘密的满足中,又很愤怒他瞒了我的眼睛,这样苦心孤诣地来偷做没出息孩子的玩艺。我即刻伸手折断了蝴蝶的一支翅骨,又将风轮掷在地下,踏扁了。论长幼,论力气,他是都敌不过我的,我当然得到完全的胜利,于是傲然走出,留他绝望地站在小屋里。……在我们离别得很久之后,我已经是中年。我不幸偶尔看了一本外国的讲论儿童的书,才知道游戏是儿童最正当的行为,玩具是儿童的天使。于是二十年来毫不忆及的幼小时候对于精神的虐杀的这一幕,忽地在眼前展开……"我问学生:"鲁迅一生为他母亲赠送给他的一件'礼物'所苦,那就是家长包办的、与朱安有名无实的婚姻。按说他对于家长专制应当是由衷反感,决不可能效尤,为什么他却对自己的小兄弟做了同样专横粗暴的事?"讨论之后,我出示了两则名言:"所有的大人,都是变坏了的孩子。"(美国儿童文学家苏斯语)"真正的问题不在于长大,在于遗忘。"(《小王子》)大人们曾经也是孩子,只是他们长大后忘了这件事,这就是悲剧的根源。这样的材料类比拓展之后,激活了学生的审美情感,对主题的理解也就水到渠成了。

五、活动的创意策划

要真正激活学生的审美情感,并且将这种审美情感转化为审美创造,还需要有创意地策划语文活动。

譬如我曾经让学生开展特别活动"左手诗,右手思":每到星期二,课外只能说观点句。譬如要吃饭时,不许用叙述句"我要去吃饭了",要用观点句"民以食为天"。要睡觉了,不许用抒情句"好困啊",要用观点句"不会休息的人也不会工作"。要上厕所了,不许用叙述句"我要上厕所",要用观点句……我还没说出答案,学生已经脱口而出:"人有三急!"大家笑翻了,紧接着又冒出许多说法,如李泓旻说:"新陈代谢让生命充满活力。"而每到星期四呢,课外只能用诗歌来表情达意,古诗现代诗都行,引用或原创均可。一个学期下来,学生的议论文不再"四不像"了(学生写议论文,最大的问题就是下意识地使用散文语言,或叙述或抒情,而不会使用观点句,所以文体特征不鲜明),他们积累的古诗词和原创的现代诗也可谓洋洋大观。

课后的故事续写也是我常用的语文活动。这是课堂教学的延伸,也是学生将审美情感和审美体验转化为创造力的契机。譬如讲完《清兵卫与葫芦》之后,我留给他们一些续写的主题:

1. 清兵卫迷上了绘画
2. 父亲毁掉清兵卫的画作
3. 清兵卫爱上了一个女孩
4. 父亲拆散清兵卫和女孩
5. 清兵卫想为自己选择学校
6. 父亲独断专横地为清兵卫择校
7. 清兵卫大学毕业要工作了
8. 清兵卫要结婚了
9. 清兵卫有了自己的孩子

10. 清兵卫自己怎样做父亲

……

　　《清兵卫与葫芦》是被日本人尊称为"小说之神"的志贺直哉的短篇小说代表作，1913年发表于日本最大的报纸《读卖新闻》上。郁达夫对志贺直哉有很高的评价，他在《致王映霞》中写道："他的作品很少，但文字精练绝伦；在日本文坛上所占的地位，大可以比得中国的鲁迅。"《清兵卫与葫芦》讲述了一个小学生热衷于葫芦，并且对于鉴赏和收藏葫芦有特别的艺术天赋，但最终在老师和父亲的压力下被迫放弃这一爱好的故事。小说的结局是开放式的："……清兵卫现在正热衷于绘画，自从有了新的寄托，他早已不怨恨教员和用槌子打破了他十多只葫芦的父亲了。可是他的父亲，对于他的喜欢绘画，又在开始嘀咕了。"学生课后续写的故事，精彩纷呈，下面分享一篇学生习作。

油画世界
——《清兵卫与葫芦》续写
深圳市盐田高级中学高二（1）班　余嘉伟

　　可是他的父亲，对于他的喜欢绘画，又在开始嘀咕了。
　　"咚，咚，咚"，一阵猛烈的拍门声，瞬间将清兵卫从他的图画世界里拽了出来，随之而来的便是父亲那刺耳的吼叫："喂！你在里面做什么？你这没用的东西，也不看看现在什么时候了，难道要等到肚子里的饭消化了，才肯出来帮我锯那些可恶的木头吗？"屁股还没坐热的清兵卫脸色苍白，完全不像是刚吃过午饭的人，他不敢不听父亲的话，只得不情愿地将自己刚调好的颜料放下，起身准备出门去。清兵卫面无表情，而他脸上也确实不需要它，有什么能让他真正开心的呢？当他拉开门的那一刻，身体仿佛被什么东西拉住了，他不自觉地转过身，朝着自己的那幅自画像走去。

"嘿！我十分清楚你心里在想些什么。你热爱绘画，并且还惦记着你那些葫芦，不是吗？"清兵卫以为自己疯了："是画在说话吗？一张画怎么能发出人的声音？可是它真的做到了！我不敢相信，竟然还有人能知道我在想什么，或者说它就是我？……"清兵卫半信半疑地盯着那幅画，不停地问自己，画中的自己似乎越来越真实，越来越清晰，完全就是另一个"自己"站在他的面前。清兵卫小心翼翼地触摸了他的肩膀，这回他终于信了，画中的人真的"活"了！

就在这时，门外又传来了熟悉的声音，是他父亲的叫喊，听语气仿佛就要冲进房间似的："小兔崽子，还不快点滚出来，非要我揍你一顿不可吗？"这声音似乎比父亲做工的斧头还要锋利，吓得清兵卫赶忙收拾东西，就要出门去。画中人叫住了他，他的意思是自己可以代替清兵卫去帮父亲锯木头，让清兵卫有时间去做自己想做的事。听到这儿，清兵卫心里乐开了花，就好像自己遇见了知音！于是他连忙把那个"自己"推出门外。门关上的那一刻，清兵卫注意到那个画中出来的"自己"露出的奇怪的微笑，好像藏着些许不可告人的秘密。可他哪管这些呀？他马上跑到自己心爱的画板前，重新开始了自己的创作，他无比快乐，沉浸在自己的画作中，他爱绘画，爱得有些痴狂。

不知过了多久，屋外的光线暗了，清兵卫才意识到，天快要黑了，奇怪的是，外面如此的安静，他感到有些不对，可又不知道到底哪里出了问题。他打开门，环境一如既往，破房子上的鸟儿，应付地叫了几声，就飞走了，它飞翔的动作很不自然，既笨拙又难看。清兵卫画鸟的技术一直不精湛，这只鸟仿佛是他画作的写照，像极了他画中的鸟。而那一轮红日让清兵卫看了心情好了不少，天空被落日染得彤红，这颜色正好是他可以从调色板上调出来的，他多想把它画下来呀，可当务之急是先得找到父母亲。"哦！是的，想起来了，这个时候父亲也快回来了。每次都是我同父亲去卖木具的，常常是这个点到家。"想到这儿，父亲回来了，父亲与母亲一起回来的，奇怪的是，另一个"自己"并没有在其中。

父亲放下手中的工具，走向清兵卫。他想问父亲是否有见过那个和他长得一模一样的人，可他不敢，他低下头，不敢正视父亲。在父亲面前，他总是不敢直视，这已然成了他的习惯。可是，父亲却拍了拍他的肩膀，问道："你的画怎么样了？中午看你那么认真地作画，我不敢打扰你，也许你完成你的画才肯出来，我想是这样的，所以，我和你母亲一起去的集市。木具卖得不错，换了不少钱，足够你画画所需的费用了。"

清兵卫怎么敢相信自己的耳朵？这真的是自己的父亲吗？他的父亲从来都不会如此！他感到非常奇怪。

父亲态度逆天般的转变，让清兵卫受益不少，他的绘画技术有了不少长进，这几年里，他很少离开他的画板，每天苦练绘画技艺，终于，他获得了成功。他的第一幅作品《葫芦》在画展上拍出了200万日元的高价，对他来说，这是一个完美的开端，从此他信心满满，为他的画作继续努力。

这一天终于有机会，他鼓足勇气问父亲，想寻求那个深埋心中的疑惑，他想知道那个从画像中蹦出来的另一个"自己"是否真的存在过，可父亲的回答令他无比失望。父亲说他从来没见过这样一个人，他也发誓自己没有说谎，他并没有必要欺骗自己的儿子。清兵卫心想，难道那是自己的一个梦吗？可是那太真实了，他很不解。

他站在高楼上，远望那即将落下的太阳，他发现日光很不自然，像是用画笔画上去的，那颜料的层次也清晰可见，突然，他好像明白了些什么，他冲向父亲的房间，这回，他终于敢与他的父亲对视了。他眼前的这个人越来越像自己画中的父亲……他跑到了大街上，一切都如往常，不同的是，整个世界如同油画世界一般。是的，他进入了油画世界，一个"真实"的油画世界，这不正如他所愿吗？他对着油画般的天空大吼了一声，低下头，面无表情地迈向回家的路。

另一个现实中假的自己，已经如他父亲所愿，成了一个会挣钱、有用的木匠，而那张清兵卫的自画像就埋在那堆腐朽的木头下面，无人问津。画中清兵卫的脸颊有一滴泪悄悄地落下，浸入了那龟裂的土地里，再也找不着了……

《油画世界》想象奇特，内涵丰富，情感动人，构思别具匠心，有大师风范，作者余嘉伟深度关注清兵卫的内心世界，却又对现实世界有着清醒的认知，所以设计了幻想与现实虚实交织的情节，有魔幻现实主义的色彩，幻想世界的瑰丽辉煌，让作品更具震撼人心的悲剧力量。深刻大气，令人叹为观止。

第5讲 LECTURE

文学语言鉴赏

有研究者把从清末以来语文学科的发展趋势称为"语言专门化",学界在反思百年语文的时候指出:我国语文教学的问题症结在于"把语文课当作一门知识课来教",使之异化为"语言要素教学"[1]。"任何一个人,包括最伟大的语言学家在内,都不是也不可能依凭词语的理性范畴和语法规则来理解和生成句子,任何一个人的实际语言能力,绝不可能主要由他在学校里或从书上学得的语言知识转化而来。"[2]

"言,身之文也"(《左传·僖公二十四年》),"质胜文则野,文胜质则史,文质彬彬,然后君子"(《论语·雍也》),中国文化很早就是把语言置于生命本质的外在表达的高度加以认识的。一个人的内在人格会以一种强大的能量和穿透力,呈现在其每一种外在的生命形态中。如果语

---

1 李海林:《语用学之于语文教育——历史的观照与当下的探索》,《语文建设》,2015年第10期。
2 王丽:《中国语文教育忧思录》,教育科学出版社,1998年,第139页。

言是生命的外在表达,那么创作主体的内在人格不可避免地会投射到语言形式上,形成自己独特的风格。所以韩愈曾提出"气盛言宜"说:"气,水也;言,浮物也。水大而物之浮者,大小毕浮。气之与言犹是也:气盛,则言之短长与声之高下者皆宜。"

语言有语义、语法、语用等多个层面,语言功能也就相应地表现为多样化。与普通语言相比,文学语言承载着更为丰富的审美信息。在巴赫金看来,语言可按先后次序分为三个维度——"标准语""社会日常生活语""文学语言",他将"文学语言"称为"语言生活的新形式",其根本特征在于:"文学不单单是对语言的运用,而是对语言的一种艺术认识(如同语言学对它的科学认识一样),是语言的形象,是语言中的自我意识,语言中的第三维,语言生活的新形式。"[1] 文学追求对语言的艺术认识,从读者角度而言,破译文学文本的语言密码,实质上就是追寻作家的情感轨迹,解读作家的"自我意识",并与之碰撞共鸣,交流融合。文学语言是创作主体言语活动的诗性结晶,带有审美的特质,因此,鉴赏文学语言的能力自然也就归属于审美范畴了。

古希腊和罗马的思想家、修辞学家、美学家们都很重视语言的审美研究。我国先秦时代就有了语言美学思想的萌芽,孔子提出过"辞达"说、"文质彬彬"说,又主张"言之无文,行而不远";墨子强调"先质而后文";庄子主张"希言""不言""信言""善言",反对"美言""多言":这些主张在一定程度上反映了古人的语言审美观。魏晋南北朝时期更是出现了一个语言审美研究的热潮:一方面开始研究语言的对称美、辞采美和音乐美;另一方面汉语古典风格学也应运而生,出现了曹丕的《典论·论文》、刘勰的《文心雕龙》、钟嵘的《诗品》等一些划时代的论著。

教育部 2016 年版高中语文课程标准的课程目标落实在"感受·鉴赏"中的重要任务就是"阅读优秀作品,品味语言,感受其思想、艺术魅力,发展

---

[1] 马大康:《诗性语言研究》,中国社会科学出版社,2005 年,第 259 页。

想象力和审美力。具有良好的现代汉语语感，努力提高对古诗文语言的感受力"。在"必修课程"部分的"阅读与鉴赏"中，对于鉴赏审美语言的目标表述是："根据语境揣摩语句含义，运用所学的语文知识，帮助理解结构复杂、含义丰富的语句，体会精彩语句的表现力。"鉴于此，只有深入探究汉语言的规律并选择适宜的教学方法，才能将目标变为现实。

一、探究语言规律

1. 语言的光泽

在汉文系统里，任何一个声音都是有质感的，我们说这个人说话"铿锵有力"，那个人说话"声如洪钟"，或者"如泣如诉""声若游丝"，都是在形容语言的质感。

《文学理论》一书中有这样一个观点："语言是文学的材料，就像石头和铜是雕刻的材料，颜色是绘画的材料或声音是音乐的材料一样。"文学作品的语言，作为书面的文字，它什么也不能依靠，没有画面，没有声音，没有动作，它只能靠文字本身的魅力来打动读者。

诗的价值

席慕蓉

我如金匠，日夜锤击敲打
只为把痛苦延长成
薄如蝉翼的金饰

不知道这样努力地
把忧伤的来源转化成
光泽细柔的词句

是不是，也有一种

美丽的价值

如席慕蓉所说，文学作品的语言是有质地的："光泽细柔"。作者锤炼文学作品的语言，使其有光泽，有密度，有弹性，有张力，就是在创造一种美丽的价值。

（1）词语的光泽。

余光中认为，所谓"质料"，"是指构成全篇散文的个别的字或词的品质。这种品质几乎在先天上就决定了一篇散文的趣味甚至境界的高低。譬如岩石，有的是高贵的大理石，有的是普通的砂石，优劣立判。同样写一双眼睛，有的作家说'她的瞳中溢出一颗哀怨'，有的作家说'她的秋波暗弹一滴珠泪'。意思差不多，但是文字的触觉有细腻和粗俗之分。一件制成品，无论做工多细，如果质地低劣，总不值钱。对于文字特别敏感的作家，必然有他自己专用的字汇；他的衣服是定做的，不是现成的"。

卡尔维诺也说："我发现外部世界非常沉重，发现它具有惰性和不透明性。如果作家找不到克服这个矛盾的办法，外部世界的这些特性会立即反映在作家的作品中。有时候我觉得世界正在变成石头。不同的地方、不同的人都缓慢地石头化，程度可能不同，但毫无例外地都在石头化。"

保持心灵的轻盈和透明，从心里涌出的词语才会有光泽。

词语有光泽，作品的语言才会有光泽。试看艾米莉·狄金森的诗句：

一个普通的夏日的清晨

一个萼片、一个花瓣、一根花刺、

一汪露水、一只蜜蜂也许两只，

微风吹过，树叶飒飒，

我是一朵玫瑰花！

诗中丰富的物象，笼罩着夏日的晨光，明明灭灭，恍若仙境。

再看余光中《沙田山居》中的一段文字：

"最是晴艳的下午，八仙岭下，一艘白色渡轮，迎着酣美的斜阳悠悠向大埔驶去，整个吐露港平铺着千顷的碧蓝，就为了反衬那一影耀眼的洁白。起风的日子，海吹成了千亩蓝田，无数的百合此开彼落。到了夜深，所有的山影黑沉沉都睡去，远远近近，零零落落的灯全睡去，只留下一阵阵的潮声起伏，永恒的鼾息，撼人的节奏摇动我的心潮。有时十几盏渔火赫然，浮现在黢黑的海面，排成一弯弧形，把渔网愈收愈小，围成一丛灿灿的金莲。"

看看这些词语，"晴艳""白色渡轮""酣美的斜阳""悠悠""千顷的碧蓝""一影耀眼的洁白""千亩蓝田""无数的百合此开彼落""黑沉沉""远远近近""零零落落""一阵阵的潮声起伏""永恒的鼾息""十几盏渔火""黢黑的海面""一弯弧形""一丛灿灿的金莲"，真可谓"有声、有色、有光"。正如余光中在《左手的缪斯》后记中所说："有木箫的甜味，釜形大鼓的骚响，有旋转自如像虹一样的光谱，而明灭闪烁于字里行间的，应该有一种奇幻的光。"

（2）修饰的光泽。

善用修饰，也会让语言富有光泽。最常用的当然是比喻、拟人、排比、反复、反问、夸张、移就等等。

譬如"然而天山的两侧都苏醒了，就像高峻的鼻梁两旁一先一后睁开的两只眼睛"，兼用了拟人和比喻，生动地表现了春回大地后万物次第复苏的情景。"夏来了，蝉声呼唤着绿阴，绿阴涨满了黄河两岸"兼用了拟人和移就，"蝉声呼唤着绿阴"是拟人，"绿阴涨满了黄河两岸"是移就。移就就是甲乙两项事物相关联，就把原属于形容甲事物的修饰语移过来形容乙事物，是一种词语活用的修辞手法。简言之，就是"移形容甲事物的词来形容乙事物"，这样的句子，就极富画面感和光泽度。

再看张晓风《秋天·秋天》的开头："满山的牵牛藤起伏，紫色的小浪花一直冲击到我的窗前才猛然收势。"这样的描写，有点有面——既用比喻写出了满山遍野的如花的海洋一般的牵牛藤的整体形象，又写出了冲击到"我"

窗前的一小片牵牛藤的"小浪花"的局部形象;有动有静——由远处的"起伏"到近处的"冲击",最后"猛然收势",戛然而止;有形有色有神——满山地起伏着,紫色的小浪花富有生命力,如同一个倔强而顽皮的孩子。作者不仅抓住了形象的特征,而且写出了其动感与活力。不仅写得"像",还写得"活",不是"纸花""塑料花""绢花"式的美丽,而是形神兼备,活色生鲜。又如刘亮程的:"我一回头,身后的草全开花了。一大片。好像谁说了一个笑话,把一滩草惹笑了。"真是美丽奇特的想象!还有鲍尔吉·原野的:"没有什么生物比蝴蝶更了解空气。透明的空气在蝴蝶看来,像海浪一样,是浩浩荡荡的。"以蝴蝶的视角来感受空气,居然能够想到浩浩荡荡的"海浪",实在是平中出奇,光彩熠熠。古人更擅用修饰为语言增色,譬如贺铸的:"试问闲愁都几许?一川烟草,满城风絮,梅子黄时雨。"在抽象与具象、闲静与流动并存的独特情境中,情绪如此丰盈,语言如此美丽。

(3)情思的光泽。

人必须通过活生生的个体的灵性去感受世界,并将自己独特的感受用心灵化的诗意世界进行表达,而不是通过理性的逻辑去分析、认知和解构世界。没有了情思,人的存在便失去了真实的意义。人的情思是瞬间将"心灵"的触动与他的意识世界以及先前经验联系起来,从而生成想象力、感受力和特有的自我感知力的过程与能力。这种能力的高低也使得每个人的情思皆不相同:同样的事件、同一个地点、同样的环境,不同的人会有不同的感悟。

语言的情思,可以表现为一份情怀,也可以表现为一种思想(某种启示或隐喻),能够让人心生感动、灵魂震撼,或是让人有所领悟、醍醐灌顶。

海涅有一句诗:"死亡是凉爽的夜晚。"博尔赫斯写到佩罗得·达米安生命消失时有一个比喻:"仿佛水消失在水中。"我们发现,这样的语言是有光泽的,即使它们描述的是最没有光泽的"死亡"。它们在追踪一种事物的形象和本质时,借着一种我们熟知的事物的状态,使被描述的对象变得清晰透明、具体可感。这样的表达里面,蕴含着一种深入人心的情思的力量,是能够唤醒我们感官知觉的力量。情思是人性的乐音和灵魂的舞蹈，有了情思的润泽，才能赋予文字以生命。它能够让我们的心灵得到滋润和舒展，让我们获得爱与美、光明与自由。

再看看我的学生写的富有光泽的句子：

只容纳最本质的，只呈现最真实的，只升华最精髓的，水，在这变幻莫测的世界里一直执著地坚持着自己。

——杨婧璇《执著的水》

结束，或者，重新开始。

梦，可以理解为另一种生活。不是你的，也不是我自己的。可是，梦里有喜有悲，有任一人间常态。

——李艾倩《梦里花落》

浪花永不凋谢的秘诀，是追求不安闲的生活。

——刘昕舟《榕树底下的故事》

幸福的生活在很大程度上必定是一种宁静安逸的生活。因为只有宁静的气氛中，真正的快乐才得以存在。几根面条就可以撑起一段日子，而黄金名利却常常把日子折腾得东倒西歪。

——韩明丹《从〈愚溪诗序〉到〈赤壁赋〉》

细节看似简单，大多数时候，却是潜意识绕过理智的"外露"，不经粉饰，也很难伪装，因为，源头如果流污水，绝不可能每个支流都流纯净水的。

——柴华《细节》

2. 语言的密度

笔者认为，所谓"密度"就是指文章语言的信息量，包括意象的信息量、素材的信息量、情感的信息量和思想的信息量等等。

语言的密度处理得好，你就会创造一条美丽的星河。

（1）意象的密度。

我的学生吴鎏昕有一篇《童话森林》发表在《求学·高分作文》，这里节选几段：

小鹿把自己的心脏交给了猎人，皇后又一次只收获到恼怒，白雪等到了王子，而小鹿的心口正跳动着一颗晶纯的玻璃心。

时间女神换上了绒绒的黑呢子幕布，随手洒了一把星子。夜晚的狂欢开始了，你能看到脾气暴躁的红桃皇后抱怨着这个太少，那个不够；神气活现的红桃杰克逗得豌豆公主前仰后合，竟忘记了背后有个豌豆大小还酸痛着的圆圆青斑。

旋转木马成了孩子们的天堂，晚风把欢笑声送到了天上，吹走了一片快要落雨的乌云。

绚烂的烟火照出每个人幸福的脸庞，真希望时光能永远像这样。

不过，你要小心那盘旋在古堡上的秃鹫，别让它告诉巫婆的水晶球，王子别一不小心就变成了青蛙。

夜渐渐深了，森林里就上演了仲夏夜之梦，精灵们继续着夏至的传说，悄悄地把绿宝石种在了谁的心里，心爱的人会让它结出一只熟透了的红苹果。

十二点的钟敲响了，旋转木马停止了奔跑，留给孩子们一个华美的梦，南瓜马车带走了灰姑娘，只有17级台阶上的水晶鞋告诉着王子她的方向。

树叶上的小水滴落入耳畔，我听见了春天的声响，燕子带回了拇指姑娘，我睁开双眼惊醒了一段梦。

你若丢了自己，去到童年的那片森林，迷失的终将寻回，散离的总会重逢。

这篇文章中繁密的意象令人目不暇接，汇聚成一个璀璨的星空。当然，有时候意象的疏朗也会是另一种美。写作上越是散淡松弛，越是在不经意中传神，文章越显得老练成熟。

来看我另一个学生瞿达的考场作文《写作的道路》的前半部分：

一年级。小学。

我写道：一片一片又一片，两片三片四五片，六片七片八九片，香山红叶红满天。

很简单，老师让我们写作的目的是认字。

三年级。小学。

我写道：晴空万里的天空云儿朵朵。只听发令枪一响，运动员们像离弦的狗一样冲了出去……多么难忘的一件事啊！

老师批：很有创意！但逻辑有些不清，比喻也不太恰当。望继续努力。

我们记着一件又一件难忘的事，成长着自己的文字。此时我们为了写作而写作。练笔。

五年级。小学。

我写道：火车长啊长，你真他妈的长。

我尝试着表达自己的感情，虽然我并不善于此道。于是我突然发现写作很舒服，它让我感到自由。一头溺死在自己的文字中，很爽。

初一。

班上流行写缺胳膊断腿的"感人"的故事。我足足写了一年，屡屡把老师感动得热泪盈眶。

初三。

我被笼罩在应试教育的阴影下，忘记了回家的路。牛顿和居里被我写得都不能入土为安了，我开始怀疑自己是否为考试而活着。

高中。

写作是不同于口头言说的另一种表达，在你的文章里，你是真的自己。

没有繁密的意象，没有深刻的说理，没有热烈的情感，文字间有大块大块的留白，大步大步的跳跃，像电影里的蒙太奇，疏疏朗朗的几个简笔勾勒，让作者的个性活脱脱跳了出来，让读者鲜明地看到了一个在写作中成长，在思考中获得自由的生命，同时轻松含蓄地调侃了一下我们的教育。

很多时候，恰恰是疏淡散漫的文字，才是最人性化的文字。它用柔软的话语，触及人性柔软的隐秘角落。所以，意象的密度，无论是繁密还是疏朗，都可以经营得很美——不同情调的美。

（2）信息的密度。

这里所说的信息，主要包括素材、观点和情感。在作品里面，素材、观点和情感都是可以抓住读者的焦点。在不同的文体中，这些焦点的密度如何处理，也是一种艺术。

在议论文中，这些信息需要有详有略、有主有从，围绕中心论点进行适当的组合与穿插；在散文中，这些信息可以或疾或徐或疏或密，形成自己独特的文风和格调；在记叙文或小小说中，这些信息应该有显有隐、亦虚亦实，创造一个可供想象的空间，为读者留白。

看看我的学生的作品：

青春，你好（节选）
苏州新区一中高二（3）班　李佳忆

你还记不记得教过你的老师？他或许很年轻，或许被你暗地里骂"老东西"。没事请你去办公室里喝茶，在父母面前说一两句你的坏话，那时候你多么恨他。可是等有一天，大家将飞向更遥远的地方的时候，在讲台上他突然变得这么忧伤，依依不舍地教大家怎样去面对他所不参与的人生——那时候的你，却在台下偷偷地抹去了眼角的水分。

你还记不记得，你第一次哭是为了什么？

你还记不记得，你第一次惹别人哭是为了什么？

你还记不记得，那些你发誓将永远坚守却早已遗忘的信仰？

你还记不记得，在某个挥洒汗水的铁丝网里，你最后在关键一刻投进一球的心情？

你还记不记得，大家成群躲在树丛里分享的秘密？

在这些遥远得好像从不存在的事情面前，你依旧学会了平稳地呼吸。像是在看一场庞大的舞台剧，在最后终于亮起了灯，空旷的剧场，凌乱的桌椅，满地的可乐罐和爆米花纸袋。刚刚在黑暗里流过泪的人们，刚刚从包里拿出纸巾的人们，刚刚在黑暗里牵起旁边男生手的女孩子们，刚刚忽然想起那些自己生命中曾安静而温暖地出现过的女孩子的男生们，所有的人们都在灯亮的时候渐次消失，留你站在中间，流完眼泪，背起包，转头迎接自己的人生。

那些我们曾经以为的惨烈的青春，那些我们曾认为黑暗的岁月，那些我们曾以为委屈的事情，也会像现在一样，在别人的故事里，成为可以被原谅的事情。青春，谢谢你，谢谢你亲自教会我爱，教会我释怀，教会我如何去拥抱更灿烂的未来。

作者编织了无数个"我"的故事和感动，却纷纷以"你"的形象来呈现，可谓"你中有我，我中有你"，所有的青春在回眸的时刻都是一个模样的。所以，一切都那么亲切，那么掏心挖肺，那么似曾相识：所有真实的脆弱、率性的爱憎、慢慢理解的感动、生命中美丽的坚守，那些不得不面对的伤感的离散，还有我们流完眼泪背起包就必须转头迎接的自己的人生……最喜欢她穿越青春飞向未来拥抱人生的结尾，所有的昨天，都成为值得感谢的记忆，成为成长的证据。这才是青春的真义：生长，飞翔，边走边看，边受伤边理解。

这篇作品的信息（素材的、观点的、情感的）时疏时密，时疾时徐，行云流水，舒卷自如，很有文艺气质。

（3）变化的密度。

没有什么东西比变化万千的情节，荣枯无常的命运更能取悦于读者了。

——西塞罗

在任何情况之下，天神都不会用镣铐来束缚他所创造的人的；他使他们的生活经常发生变化，从而得到启发。

——泰戈尔

上面两位大师在告诉我们：变化，于人生，于文学，都是有益的。

袁枚在《随园诗话》中说过"文似看山不喜平""为人贵直，而作诗文者贵曲"，也就是说，行文要有起有伏，像波浪一般富于变化。这样的文章不论长短，都能使读者历久不倦。

变化从何而来呢？抑扬、详略、断续、张弛、离合、悬念、冲突、巧合、转折、穿插，都有助于打破章法的平板如一，增强作品的生动与波澜。就好像古诗文创作的"起承转合"，说来说去，讲究的无非也就是一个行文的变化。

当然，变化也不宜过于频繁和急促，变化也要有一个适当的密度。要始终保持一种内在的韵律与节奏，像一支交响乐一样，时疾时徐，有疏有密，但前后衔接得自然流畅，浑然一体。密度的匀称、节奏的和谐是成熟文风的标志之一。

最后需要强调的是，语言只是文章的外在形式，有深度的思想领悟、有新意的独特发现才是文章的内核，所以真正要计较的，是后者的密度。写一篇文章，新颖的、有价值的观点一定要有，真纯的、美好的情感一定要有。这两个方面的密度，才是我们需要关注的核心。

比如下面这篇文章：

路边（节选）

华中师大一附中高二（20）班　周瑞

人群来了去，去了来，老人在很努力地表演着，时而用头顶起盘子，时而又顶起自行车，时而玩着"飞火流星"——据说，这是一项很难的杂技。

我不知道，我是不是他的观众，我只是在远远地观望。

不知道老人为什么卖艺，仅仅只是为了钱？

父亲也在我身边看得饶有兴致，他说这就是传说中的江湖艺人。

我想笑，却笑不出来。肌肉僵在那里。

"江湖艺人"，让人想起小说里的高手。真正的高手是不会穿着一身黑衣，背个半人高的剑在街上来去匆匆的，更不会在充满杀气的脸上写着"找死"二字。高手会像普通人一样生活，甚至比普通人更普通，行走江湖，卖艺。只在不经意间，一运气，一挥手，一个眼神，让人震颤。

老人是什么样子呢？我看不清。他弓着身子，来回旋转，有时还会站不稳。我会突然有伸出手去扶他的欲望，可是，那么远，那么远，没有人去扶他。

他有没有儿子呢？有没有孙子呢？有没有退休金呢？不得而知。

没有人养他吗？他真的没有钱吗？这一手绝活要练就以前应该也是某个杂技团的吧！

《青衣》里的那个女子，"文革"期间不能演出，突然就犯戏瘾了，想唱。

一场孤独的演出，唱自己的辛酸，唱自己的孤独，唱自己的凄凉。

"全剧终，看着满场空座椅，灯亮起……"

老人会不会是因为孤独才出来演出的？

据说有位美国富翁，每年都要出去乞讨，感受平凡生活。

阳光温柔地洒下来，滑过老人古铜的皮肤。或许它已经不再光滑，不再细致而富有弹性，可是它依然焕发出青春的活力，那些皱纹咧开嘴笑着，笑得多甜蜜。

父亲说他要是以后老了没事干，也出去演杂技。我无奈地说："不用吧，又不是养不活自己……"

"不，只是想让生命更充实。人老了心灵很容易空虚。突然从社会一线上退下来，没人管，没人要，没人理，那是多么大的打击！"

路边，老人仍在卖艺。

我想，或许，他的家人，还在家里的饭桌旁，等待他回来吃饭。

作者以路边表演的老人为主角，却穿插了武侠小说中的"高人"、《青衣》里的女子、美国的富翁、父亲的心思，每一次穿插，都一步步逼近主题，让人物形象和人生的况味变得更为滋味复杂，耐人咀嚼。作者对于变化的密度的得心应手的把握，其核心并不在于技巧，而在于作者对生活的领悟、对底层人物的关切，在于她温暖的生命情怀。

3. 语言的弹性

汉语文字的多义性和语法结构的灵活性、多变性是文学语言弹性美获得生命与能量的根源。语言的弹性主要包括歧义双关、虚实互见和组合跳跃这三种方式。

（1）歧义双关。

亚里士多德说，除了表示真和假的语言之外，还有既不表示真也不表示假的语言，它不是逻辑的表达而是诗美的表达。这诗美的表达，突出语言内涵的多维指向，在伸缩自如的语义空间里，追求表意的灵动与活跃。古往今来，人们创造了很多语言艺术经典，这些闪烁出智慧光彩的精品，很大程度上都依托于语言的弹性。这种语言，显性的负载义与隐性的负载义相结合，言在此而意在彼，表意上张弛有度、游刃有余，阅读审美时往往给人较大的回旋空间。

一个词语本身拥有众多含义，即歧义性。弹性的语言坚决摈弃词义的"单解"而追求"一名数义"。在某种意义上它拒斥"非此即彼"的精确性而求"亦此亦彼"的模糊性，产生一种读起来模棱两可，暧昧难明，使人觉得含义丰富、奥义无穷的效果。所以莱奥帕尔迪认为，语言越含糊、越不清楚，便越有诗意，"久远、古老这类词汇非常富有诗意，非常讨人喜欢，因为它们能唤起许许多多不确切的想法"。古人很早就精通这一妙法。譬如"落日心犹壮"至少可以有三种理解：时间环境之再现、人生穷途之象征、壮心不已之寄寓。究竟是落日比壮志，还是壮志托落日，或者两者兼而有之，并不能够确定，像这样因"亦此亦彼"的歧义双关而带来多重联想的例子在古诗中举不胜举。

歧义双关造就了语言的弹性，为丰富的意蕴打开了"天窗"。看下面的诗句：

> 生活，不能没有远方
>
> 远方，有朋友在等待
>
> 又有朋友自远方来
>
> 我的朋友
>
> 你们每个人
>
> 都是我的节日

乍看用语平淡朴实，但恰恰是这种质朴，酿出清澈而又浓郁的醇酒。这里的"远方"，不仅指地理上的远方，更蕴藏着情感上、思想上的远方，远远超出它的本义。读者在吟咏体味中可以拥有多种延伸。而把朋友说成是"我的节日"，叫人想起朋友相聚时的种种欢乐、甜蜜、开怀、热闹……"远方"与"节日"不加任何修饰渲染而能够拓展出如此大的弹性空间，主要得力于其自身的"歧义"所造成的"膨胀系数"。

（2）虚实互见。

实里含虚，虚不离实，艺术的法则妙在虚实结合。

那么何谓虚实呢？有者为实，无者为虚；有据为实，假托为虚；客观为实，主观为虚；今者为实，昔者为虚；当前为实，未来为虚；此地为实，彼地为虚;眼见为实,想象为虚;已知为实,未知为虚。

所谓虚实互见,就是利用情境、语境的重叠与联系,巧借汉语语法灵活多变的组合特点,把具体事物与抽象概念连接在一起,寄抽象于具体,化无形为有形,以此传达一种繁复多重的情感体验,营造一种特殊的情调,同时构成语言的弹性。

譬如:"春心莫共花争发,一寸相思一寸灰"(李商隐《无题》),相思之情本是无法度量的,诗人却用了"一寸"这一数量实词来修饰"相思"这一抽象情感概念,仿佛相思有了长度;"必须重新站起来,告诉自己,继续走吧,路途尚未结束——即使重新捡起的东西已被别人踩得粉碎。包括你蹲下去的时候,散落一地的尊严"(七堇年《给这个世界上另一个我》),"尊严"本是抽象概念,作者却用了移就的修辞手法,化无形为有形;"让青春去激起／一片雪白的赞叹"(艾青《跳水》),诗人化具体的浪花为抽象的"赞叹",从而产生奇特的视觉效果和浓郁的诗意。

又如:

指针,伸向黎明的窗帘／剪出一幅天真的早晨

钟摆,来到傍晚的肩胛／敲落一幕迟钝的黄昏

——许德明《一个修理钟表的青年》

动宾结构之中包含着一个定语为虚、宾语为实的偏正结构,这样的虚实结合,也能够使语言富于弹性。

再如:

春天来了,你一定要跑去打招呼,你一定要放风筝。

不,你一定要让风筝放你。把你放得优哉游哉,从城市的罩子里逃出去,看一看蔚蓝,追一追神仙,呼吸一下晴空与辽阔,住一住云上的日子……

然后,年年如是。

去半路上娶春天。直到你飞完人生。

——王开岭《春天一定要让风筝放你》

"让风筝放你",角色互换,虚实倒错,语言灵动轻盈,境界超尘脱俗。而"去半路上娶春天",化虚为实,更是将人与自然的亲昵甜蜜表现得活泼而别具情调。

再看我的学生的一段话:

人可以有精神上的怜悯,却不可以自以为是地同情。因为没有谁有资格同情他人的寂寞,这样的同情像是炫耀的得意,充满罪恶。成全一个人的纯粹与简单,让世界安宁,让每一个独自行走的人安心,各人得各人单纯的快乐,散发各人灵魂的香味。这就够了。

——丁颖贤《一个人的行走》

"散发各人灵魂的香味","灵魂"本是抽象的,这个句子赋予了抽象的"灵魂"以"散发香味"的具象特征,虚实互见,让人想象到一个人行走时心灵如花儿一般安静自由地绽放,非常有意境。

(3)组合跳跃。

有弹性的语言,是长短结合、开合有度、有张有弛、有起有落的。

汪曾祺曾经说过:"语言的奥秘,说穿了不过是长句子与短句子的搭配。一泻千里,戛然而止,画舫笙歌,骏马收鞭,可长则长,能短则短,运用之妙,存乎一心。"

他提到长句和短句的配合运用,其本质无非一个词:节奏。语言有了节奏感,也就有了弹性。从结构来看,长短句互为结构的开合与张弛有以下几种常见的方式:

承接式。如:"第一口汤进口,微烫之后,清、香、甘、滑……依次在舌上绽放,青菜残存的筋脉对牙齿一点儿温柔的、让人愉快的抵抗,豆腐的细

嫩滑爽对口腔的爱抚，以及汤顺着食道下去，一路潺潺，一直熨帖到胃里的舒坦。"（潘向黎《白水青菜》）

辐射式。如："麦浪，像浩瀚的海洋，摇荡啊摇荡，摇荡着那些庄稼汉的欢笑，摇荡着那些青布包头的大姑娘们的希望，摇荡着那些像石头一样的孩子们傻傻的梦想"。（郭枫《蝉声》）

罗列式。如："在报纸的头条标题里吗？还是香港的谣言里？还是傅聪的黑键白键马思聪的跳弓拨弦？还是安东尼奥尼的镜底勒马洲的望中？"（余光中《听听那冷雨》）

交错式。如："听听，那冷雨。看看，那冷雨。嗅嗅闻闻，那冷雨，舔舔吧那冷雨。"（余光中《听听那冷雨》）

拓展式。如："我突然明白了，广袤的不断变化着的宇宙已经与贝阿特丽兹分别了，这一变化不过是一系列无穷无尽变化的开始而已。"（博尔赫斯《阿莱夫》）由对一个生命的逝去的感慨，拓展到对整个宇宙变化无常终有尽头的感慨。

累叠式。如："残山剩水犹如是。皇天后土犹如是。纭纭黔首纷纷黎民从南到北犹如是。"（余光中《听听那冷雨》）排比兼反复，叠词的运用，影像的累叠，使得语言富有弹性而又极具时空的深邃感。

回环式。如："中国文化的跑道上，一直进行着一场致命的追逐：做事的人在追逐事情，不做事的人在追逐做事的人。"（余秋雨《跑道》）以回环式的语言揭示生活中的某些本质，睿智而富有弹性。

交响式。如："天空泛滥着湛蓝的海水，田野泛滥着湛蓝的湖水。柳树和茅屋起了海上湖上水气的烟；烟和烟的颜色交织着沾沾的夜雾。湛蓝的水，烟和雾沉甸甸地停潴着，颤荡着夜凉的柔波。露水滴落在泥土上没有一点声音，钟声走着迢远的路。……风沿着黑色的电线长长地吹着，从黑色的方向到黑色的方向。以疏落的电线为弦索，低低地弹奏着。"（庄瑞源《夜阴·冷的口哨》）种种意象互相配合，和谐默契，如同演奏一场交响乐，语言充满了弹性。

意象和句式的创意组合能让语言获得弹性，语意的跳跃与留白也能让语言获得弹性。请看《圣经》中一段极美的字句：

你趁着年幼，衰败的日子尚未来到，就是你所说，我毫无喜乐的那些年日未曾临近之先，当记念造你的主。不要等到日头、光明、月亮、星宿变为黑暗，雨后云彩返回；看守房屋的发颤，有力的屈身，推磨的稀少就止息；从窗户往外看的都昏暗，街门关闭，推磨的响声微小，雀鸟一叫，人就起来，歌唱的女子也都衰微。人怕高处，路上有惊慌；杏树开花，蚱蜢成为重担；人所愿的也都废掉。因为人归他永远的家，吊丧的在街上往来。银链折断，金罐破裂，瓶子在泉旁损坏，水轮在井口破烂；尘土仍归于地，灵仍归于赐灵的神。传道者说："虚空的虚空，凡事都是虚空。"

寥寥数语，处处是留白和跳跃，却呈现出生命的种种真相：最有希望的年日，最绝望的年日；最明亮的时光，最黑暗的时光；最旺盛的生命，最衰败的生命；最纷乱的时刻，最寂寥的时刻；最安静的绽放，最渺小的重担。最漫长的旅途，永远的家像永远那么远；最切近的归宿，死亡在街上往来散步。最华丽的世界，最破败的世界；最清脆如玉的声音，最沉默如谜的声音；最沉重的肉体，最轻盈的灵魂；最虚空的人生，最真实的生命。

这样的语言是有弹性的，是能将读者的心灵带向远方的。

4. 语言的张力

"张力"一词，最早见于物理学；1937年英美新批评派理论家艾伦·退特在其《论诗的张力》一文中将此概念引入文学理论。从物理学的意义上看，张力状态是由多种相互矛盾因素的组合与相互作用力所形成的一种动态平衡。而语言的张力则是指由语言所直接促发的多重意义、别样意蕴对单纯、有限的语言外壳的冲击。

语言张力的作用，一是揭示事物的本质，二是扩展作品的容量，三是丰富作品的意味。充满"张力"的语言，才能蕴含深刻、耐人咀嚼、回味无穷。语言的张力主要表现在以下三个方面。

（1）异质冲撞。

异质冲撞，即是把不同质地的语言，如具象性的与抽象性的、形式性的与非形式性的、逻辑的与非逻辑的、繁复的与简省的等等并置在一起，从而激发语言的张力。

早在两千年前，赫拉克利克就看出某些奥秘："互相排斥的东西结合在一起，不同的音调造成最美的和谐。"张力的关键就是在诸种对立对应关系中，利用主观性感受手段，寻求与制造"不合理"的可能，这其实也是符合对立统一规律的。

台湾现代诗人洛夫曾总结过语言张力问题，他说诗的语言张力"乃存在相克相成的两种对抗力量之中，提供一种似谬实真的情景。可感到而又不易抓住，使读者产生一种追捕的兴趣"。

语言有魅力并非指语言华丽，而是指语言的活性与张力，张力大，魅力才大。

王安石的"终日看山不厌山，买山终待老山间。山花落尽山常在，山水空流山自闲"（《游钟山》），就是"丰"与"约"的对峙：每一诗句中都有两个"山"字，用词看似单调，这是"约"；同时，意义本身又是丰富的，由对山的亲就，表现自己远离人间世俗与是非的自爱与高洁。言约意丰，富有张力。

鲁迅的"在我的后园，可以看见墙外有两株树，一株是枣树，还有一株也是枣树"（《秋夜》），不只是同一词汇反复出现，还有语法结构的重叠，但对于鲁迅想要表达的孤寂、愤懑乃至无以言说的多重意义来说，它又是简约的。反复咏叹中，张力也在蓄积。

中国古文论，素以讲求辩证见长：工拙相半、奇正参伍、开合有度、张弛有节、新陈相因，这诸多的法则中富含语言的张力质素。"陈熟、生新，不可一偏，必二者相济，于陈中见新，生中得熟，方全其美"（叶燮《原诗·外篇》），种种对举，审美刺激力要大于规则工稳、一成不变的结构式样，因为它蕴含着从不完美到完美，从非平衡到平衡的过程，给人一种从紧张到松弛的复杂多样的感受。鲁迅的作品也存在着很多异质冲撞：交替使用从容舒缓的语调和劲健奔腾的语调，并把奔腾的语势同强有力的顿挫结合起来，使作品传感出交响乐的回声；用词造句以朴素的勾勒为底色，但又常间以极绚烂的泼墨。他善于把炽热的爱憎融于冷峻的语言中，以非常泼辣的喜剧手段写出至为惨痛的悲剧，使作品显得蕴藉浑厚。

语言所描述的内容与语言所表达的情感之间相反相对，也可以增强语言的张力。"以乐景写哀，以哀景写乐，一倍增其哀乐"（王夫之《姜斋诗话》），其中富含文学的辩证法。同样，以急语写缓，以缓语写急，以隐语写秀，以秀语写隐，诸如此类的异质冲撞，都会增强语言的张力。

（2）语法变格。

人们往往喜欢轻车熟路、拾人牙慧，却无意去不断赋予语言以生长，在极有限的语言途径中，不断制造新鲜的刺激，寻求语法的变格，从而让语言"陌生化"，富有活力与张力。

语法变格，是语言"陌生化"的主要方法。"陌生化"是由俄国维克托·什克洛夫斯基在20世纪初提出来的。他说："艺术之所以存在，就是为了使人恢复对生活的感觉，就是为了使人感受事物，使石头显出石头的质感。艺术的目的是要人感觉到事物，而不是仅仅知道事物。艺术的技巧就是使对象陌生，使形式变得困难，增加感觉的难度和时间长度，因为感觉过程本身就是审美目的，必须设法延长。艺术是体验对象的艺术构成的一种方式，而对象本身并不重要。"（《词语的复活》）"陌生化"使熟视无睹的事物变得新颖有趣，从而增强读者的阅读期待，扩充语言的内涵空间，增强作品的美感。

王安忆对"陌生化"有更为具体的阐述："所谓陌生化，就是对常规常识的偏离，造成语言理解与感受上的陌生感。在指称上，要使那些现实生活中为人们习以为常的东西化为一种具有新的意义、新的生命力的语言感觉；在语言结构上，要使那些日常语言中为人们司空见惯的语法规则化为一种具有新的形态、新的审美价值的语言艺术。"（《漂泊的语言》）也就是说，"陌生化"就是对事物的指称重新命名，在语法结构上除旧布新。后者，就是笔者要说的语法变格。

语法变格，就是打破正常的语法规范和思维惯性，借助异于常规的语法结构而造成语言的张力，实际就是语言的一种"扭曲形式"，如颠倒词序、改变词性、词语超常搭配等等，以及巧妙运用修辞手法，将人与物、物与事物进行嫁接、植入或互换。

如余光中《碧潭》中的句子：

> 如果碧潭再玻璃些
> 就可以照我忧伤的侧影
> 如果舴艋舟再舴艋些
> 我的忧伤就灭顶

接正常语法应该是"如果碧潭像玻璃那样清澈""如果小舟比舴艋更小"，但余光中把原来是名词的"玻璃""舴艋"别出心裁地当成了动词，并省略介词，适度地"扭曲变形"，使得句子具有了一种令人刺目的陌生的奇巧，并且显出凝练的简洁美，这种着力向内浓缩的句子往往形成一种较强的向外反弹力，这就是张力。

又如"'按时看日出'，我被这句话猝然绊倒了"（王开岭《精神明亮的人》），作者将一句话这个抽象概念化为具体实物，且被它猝然绊倒，形象而新异地表现了这句话给作者带来的强烈震撼。"她眼睛并不顶大，可是灵活温柔，反衬得许多女人的大眼睛只像政治家讲的大话，大而无当"（钱钟书《围城》），比喻的常规是用具体的物象作喻体来描写对象，作者却用"政治家讲的大话"这种抽象概念作喻体来描写眼睛，的确别出心裁、机智俏皮。

常规一旦被打破，就会带来一种新奇灵动的美。

其至，适当改变一下量词也会使语言的张力骤然增强，譬如"开出一树彩虹""砌起一墙高高的浪""一裳温暖"等等。

另外，省略虚词、修饰词和关联词，而将实词尤其是其中的名词直接组合在一起，也是一种常见的语法变格。譬如"风尘三尺剑，社稷一戎衣"（杜甫《重经昭陵》)、"桃李春风一杯酒,江湖夜雨十年灯"(黄庭坚《寄黄几复》),这样的直接组合,大大扩展了诗句之内和诗行之间的审美空间,诱导读者以自己的经验和想象去补充和焊接语言的断裂,丰富诗句中的留白,从而增强了密度和弹性,形成了巨大的张力。

这种语法变格也被一些作家用到叙事文体中,譬如在小说的开头,将零乱的物象并置罗列,以句号相隔,试图营造出一种混乱的氛围。

(3)无词之语。

所谓"无词之语",即"无词的言语",有学者评论《野草》说:想表达而无法表达的话语,是一种没有能指的所指,所谓"无词",意指鲁迅在"独语"时也无法找到完全属于他自己的独特的话语。[1] 这种语言现象是指,在一个语言片段中矛盾的双方同时呈现,给人以困惑,并且连作者自己都困惑。

语言不是万能的,有时候有些信息在语言之外。卡尔维诺说:"语言把可见的痕迹与不可见的事物联系起来,与不在眼前的事物联系起来,与希望或担心会发生的事件联系起来。语言仿佛就是一座临时搭在空虚之上的很不牢固的桥梁。因此我认为,正确使用语言能使我们接近(眼前的或不在眼前的)事物。我们应该认真地、谨慎地进行描述,并尊重(眼前的或不在眼前的)事物不用语言传给我们的信息。"(《美国讲稿》)譬如鲁迅在《野草·颓败线的颤动》中这样描述因贫穷无力养育子女而被迫卖身的妇人极其复杂的心理活动——"眷念与决绝,爱情与复仇,养育与歼除,祝福与咒诅……",一组组对立的词语并没有表达明确的取舍,却能让读者感觉到字里行间翻卷着灵魂的风暴。每组词都相互否定,词义的相互否定意指着那不可表达的东西,既不是眷恋,又不是决绝,也不是彼此似乎能调和的一半眷恋,一半决绝,而是两个冲突悖逆的词的中间空白地带。相反的对立力量被纳入到同一个言语空间,使之产生无尽的冲突,建立起一个不可能用逻辑解决的悖论漩涡,让矛盾在同一个语境中存在,从而形成一种张力。

---

[1] 薛放:《无词的言语》,学林出版社,1996年,第8页。

无词之语是创作者用来表达一种无以言表的极致情感的有效手段。在莎士比亚《罗密欧与朱丽叶》第一幕第一场中，罗密欧慨叹："啊，吵吵闹闹的相爱，亲亲热热的怨恨！啊，无中生有的一切！啊！沉重的轻浮，严肃的狂妄，整齐的混乱，铅铸的羽毛，光明的烟雾，寒冷的火焰，憔悴的健康，永远觉醒的睡眠，否定的存在！我感觉到的爱情正是这样一种东西……"在难于言说中传达出一种极致的爱与憎、极致的幸福与哀怨，无以言表的情感几乎要冲破语言的束缚，有极强的爆破力。

维特根斯坦说："尼采在某处（注：《人性的，太人性的》第一卷第115节）写道，即便是最棒的诗人和思想家也写过平庸和拙劣的东西，只是与好东西有所区分。但事情并不完全如此。实际上，园丁在花园中是把肥料、废物、杂草和玫瑰放在一起的，区别不在于它们的价值，而主要是它们在园中所起的作用。有些事物看起来就像是坏句子能够成为好句子的胚胎一样。"

无词之语，往往能够表达复杂的情感，滋生丰富的内涵。

二、选择教学方法

1. 惊异：日常意识的切换

惊异最早是哲学概念，在柏拉图、亚里士多德时代已经使用，经黑格尔引入美学范畴。"所谓惊异，从实质上讲，就是人在一定的现实境遇中由于与客体对象的契合所产生出来的一种迥异于日常生活经验的特殊心境。在这里，惊异既表现为客体对主体的召唤，也表现为主体对客体的向往。正是在主客体这种刹那间的直接碰撞与神会中，激发起主体强烈的审美兴趣。"[1]作为美学概念的惊异，通俗一点说，类似于我们日常生活中所说的"好奇"，即日常意识的暂时中断，注意和感受的瞬间切换。

专业的解释是这样的："审美注意就是审美态度碰到具体对象的时候，把

---

[1] 朱立元：《美学》，高等教育出版社，2001年，第103页。

注意力集中和停留在对象上面。这种注意力与一般的注意力不完全一样，它主要是一种对于对象形式或结构的注意。""这种通由审美注意所获得的对对象形式的注意所得到的感受，又恰好是与自己的情感形式相沟通的。这样，审美态度经过审美注意就真正进入审美经验，亦即完成了审美的准备阶段，进入审美的实现阶段。"[1]

惊异的感觉是审美的准备阶段，"惊异并不会随着审美活动的形成而逐渐消失。相反，如果没有惊异所营构的心理氛围及其内在的引导，审美活动就很难持续地展开"[2]。对此，日本学者今道有信提出"日常意识的垂直切断"的论点。"垂直"，包含"'断然''迅速''完全'切断的意思"。日常意识是"散漫、恍惚、无一定方向的"，所以要进入审美注意，就必须"唤醒""振作"或"集中"[3]。

创造惊异，切换学生的日常意识，是鉴赏审美语言的第一步。

譬如我讲《拿来主义》，是这样导入的：

师：鲁迅可谓铁齿铜牙了吧，可是，也有他百口莫辩的时候。他曾经陷入一桩公案，被指抄袭。北京大学的陈西滢教授称鲁迅的《中国小说史略》抄袭了日本人盐谷温的《支那文学概论讲话》。支那是什么意思？

生：（齐）中国。

师：对。日本人对中国的一种蔑称。鲁迅到底有没有抄袭呢？他自己说："盐谷氏的书，确是我的参考书之一，我的《小说史略》二十八篇的第二篇，是根据它的，还有论《红楼梦》的几点，和一张《贾氏系图》，也是根据它的，但不过是大意，次序和意见就很不同。其他二十六篇，我都有我独立的准备，证据是和他的所说还时常相反。"又过了一些年，盐谷温的那本书终于被翻译成了中文，鲁迅就又说了："现在盐谷教授的书早有中译，我的也有

1　李泽厚：《美学三书》，天津社会科学院出版社，2003年，第475页。
2　朱立元：《美学》，高等教育出版社，2001年，第104页。
3　滕守尧：《审美心理描述》，四川人民出版社，1998年，第78—80页。

了日译，两国的读者，有目共见，有谁指出我的'剽窃'来呢？呜呼，'男盗女娼'，是人间大可耻事，我负了十年'剽窃'的恶名，现在总算可以卸下。"
鲁迅一再自白：我真的没偷！

胡适也曾站出来说过一句公道话："现今盐谷温的文学史已由孙俍工译出了，其书是未见我和鲁迅之小说研究以前的作品，其考据部分浅陋可笑。说鲁迅抄盐谷温，真是万分的冤枉。盐谷一案，我们应该为鲁迅洗刷明白。"他真的没偷！

然而鲁迅有一次却主动坦白："我真的偷过！"（生齐笑）偷了什么呢？

"一篇是'雷锭'的最初的介绍，一篇是斯巴达的尚武精神的描写，但我记得自己那时的化学和历史的程度并没有这样高，所以大概总是从什么地方偷来的，不过后来无论怎么记，也再也记不起它们的老家……"

生：（笑）忘了是从什么地方抄来的。

师：他所说的"偷"，可以用一个什么样的词来替换呢？

生：借鉴。

师：好。如果用鲁迅自己的话来替换呢？

生："拿来"。

师：很好。这里的"偷"，就是"拿来"。这就是鲁迅在今天这篇文章里面要说的话题。议论文是表达作者观点的文章，读一篇议论文，第一件事情就是要了解：作者说的什么？（板书：说的什么？）在这篇文章里，鲁迅说的什么呢？

生："拿来主义"。

师：很好。（板书：拿来主义）

2. 诵读：身心律动的审美

俄国形式主义理论家认为语言中最重要的要素不是语义而是语音，因为"在语音中沉积着人与自然的原始关联，诗歌只有专注于语音，才能使沉积于语音中的原始的深层关系、原始的体验得以揭示"。[1]

秦牧在《语林采英》中记录了一则逸事：一著名女演员，以外国语言当众朗诵一张菜谱，竟使座中人泣下沾襟。语义需要读者自己的联想转换，而语音直接传递情感。所以"当我们充分掌握某种语言并在日常生活中使用它时，我们不仅把语词声音理解为纯粹声音模式，而且还应该认为它传达或能够传达某种情感性质"，语音在表达情感方面的特质，就必然要求作家在"安排语词时对语音形式的考虑不仅带来这样一些现象，例如节奏、韵脚、诗行、句子以及一般谈话的各种'旋律'，而且带来语音表达的直觉性质……不仅它们本身构成作品的一个重要的审美要素，同时它们也常常成为解释作品其他方面和性质的手段"[2]。

譬如李清照的《声声慢》"用齿音、舌音特别多，齿音四十一字（如寻、清、凄、惨、凄等），舌音十六字。全词九十七字，这两声字却多达五十七字，尤其到了末了，'梧桐更兼细雨，到黄昏点点滴滴，这次第，怎一个愁字了得'二十多个字里舌、齿两音交加重叠，看来是特意用啮齿叮咛的口吻，来表达忧郁惝恍的心情"[3]。

由此看来，语音不仅是作家表现意绪的工具，也是读者解读文本的津梁。朱光潜说："欣赏之中都寓有创造。写在纸上的诗只是一种符号，要懂得这种符号，只是识字还不够，要在字里见出意象来，听出音乐来，领略出情趣来。诵诗时就要把这种意象、音乐和情趣在声调中传出。这种功夫实在是创造的。读者如果不能做到这步田地，便不能算欣赏，诗中一个个的字对于他便只像陌不相识的外国文，他便只见到一些纵横错杂的符号而没有领略到'诗'。能诵诗是欣赏诗的要务。"

并不仅仅是诗歌才适合朗读，散文、小说、戏剧，甚至实用类文本也适合朗读。我在讲丰子恺的《云霓》（画册《云霓》的序文，也可以看作是一篇

---

1 马大康：《诗性语言研究》，中国社会科学出版社，2005年，第71页。
2 刘安海：《文学文本语言研究》，中国社会科学出版社，2014年，第165页。
3 吴熊和、蔡义江、陆坚：《唐宋诗词探胜》，浙江人民出版社，1981年，第438页。

散文）时，就从文中挑选了七句语言描写，请七个学生来朗读——

师：这篇文章一共就有七句语言描写。我想请七位同学来分别读一句话，我们从头到尾这样读下来。第一句话谁来读？阮正举手了，好。第二句呢？第三句？第四句？第五句？第六句？第七句？（又有六位同学陆续举手）好，注意语气要读准确喔！开始（点击幻灯片）。

"只管不下雨怎么办呢？"
"天公竟把落雨这件事根本忘记了！"
"再过十天不下雨，大荒年来了！"
"即使现在马上下雨，已经来不及了。"
"不要失望！我们带雨来了！"
"落雨了！落雨了！"
"喊不得，喊不得，要吓退的啊。"

（七位同学接力进行表情朗读，时有掌声和笑声。）

师：好！语气都把握得非常好！读出了人们对于雨水的盼望，以及内心的恐慌，还有看到云霓之后以为将要下雨的那种惊喜和欢快。可是我觉得很奇怪啊，这里边有些句子难道不是有问题吗？比方说"再过十天不下雨，大荒年来了"，难道不应该是"大荒年就要来了"吗？还有后面的"落雨了！落雨了！"，真的下雨了吗？

生：（齐）没有。

师：难道不应该是"快要落雨了！快要落雨了！"吗？为什么不这样说啊？

生：（杂）因为他们太期盼了。

师：本来是"未然"的事情，他们把它变成了什么啊？

生：（齐）已然！

师：对，他们把未然变成了已然。原因在哪儿？

生：（杂）心情迫切。

师："再过十天不下雨，大荒年来了！"什么心情？

生：（杂）恐慌。

师：对，非常恐慌。就觉得已经在眼前了，是吧？

生：是。

师：好。那么这个"落雨了！落雨了！"又是什么心情呢？

生：（杂）欣喜，激动。

师：很惊喜很激动对不对？看到云就觉得雨已经来了。所以我们看到，丰子恺的笔下，虽然就是这么一篇短文，虽然我们一开始读会觉得很枯燥，但实际上呢，里面的一些语言、对话，是很有情味的。他把人们的那些心理活动描写得活灵活现，而且会有一种故事化的感觉，它有起伏有跌宕，有悬念，有戏剧化的变化，你看那老人家说"喊不得，喊不得，要吓退的啊"，结果就真的怎么样了啊？

生：（齐）吓退了。

师：这种戏剧化的跌宕，这种曲折，这样的描绘，就让我们觉得，咦，跟前面那些调查报告啊，《申报》的那些文字啊，语言风格有些不一样，是吧？尤其是老人家的"喊不得，喊不得"这种话，会让我联想起一种人的形象，《西游记》里面的一种人（笑），你们会想到谁呢？

生：（笑）土地。

师：（亦笑）对，土地公公！土地公公总对大圣说："大圣，使不得，使不得啊！"（生齐笑）对，就是这种，很形象化的。你看，丰子恺在描述1934年的这场大旱的时候，尽管人们有"大热的苦闷和大旱的恐慌"，但是，我们还是能看到，"苦闷"中仍有审美，"恐慌"中仍有情趣！

通过朗读，学生体会人物的语言，揣摩他们的语气，准确理解了人们的心情。

3. 走近：情感共鸣与溯源

鉴赏审美语言，还需要走近作者，走近文本，走近生活，了解作者的整体人格和瞬间心灵，投入自己的感情和联想，调动自己的阅历和体验。

马丁·瓦尔泽说："写小说的人借助其笔下人物讲述自己的感受。他发表小说，是因为他想知道别人是否有同样的生活感受，想知道他是否孤单。读者读他的书的时候读的是读者自己的生活。"所有的文学作品，起点是人，终点也是人。此岸是人，彼岸也是人。

《孟子·万章上》中有"以意逆志"的观点："故说《诗》者，不以文害辞，不以辞害志；以意逆志，是为得之。"孟子强调对诗歌的理解，不能只从字句的表面意思上去看，要从作品的整体出发，由表及里、由浅入深地理解诗作的主旨，结合自己的生命体验去推测作者的本意。也就是把自己当作诗人，然后"将心比心"去领会、推测诗人在诗中所寄寓的情感，从而理解诗歌的内容和主旨。实际上，读者对作品的理解总是会带有自己的观点和认识的，不可能和作者完全一致。我的理解是：人性是永恒的，以此为基础，则有可能实现以文本为桥梁，让读者的"己意"与作者之"本意"达成沟通。因为作者只能依托其文字而以相对静止的状态"在场"，那么读者就要以一个运动的状态（或曰主动的状态）踏着文本的桥梁向作者"迎"上去，去触摸他，拥抱他，探索他，从而理解他，实现读者与作者之间从表层到深层的同化与调节，其实就是让别人的文字与我们的生命发生关系，借助联想与共鸣，调动自己的阅历和体验，让我们的心灵进入别人的生命场，并尝试以无限接近零的距离来还原它，实现对作者及作品的情感溯源。

要实现这种从表层到深层的同化与调节，还需要了解作者的整体人格和瞬间心灵，只有这样，才可能真正经由语言进入文本，进入"人"的世界。孙绍振先生在一次访谈中所说的一段话，我以为是更深入的诠释："我们讲文学是人学，然而却往往忽略了人的丰富性。文本解读关键是对人的理解，而我们的语文老师在讲课文的时候往往把个性抽象化，把文章最生动、最深刻的地方遮蔽住了。一是用社会背景去遮蔽，二是用作者整个的人格去遮蔽。

其实每一篇文章都有作者的创新,每一篇经典的作品都有作者自我的一次提升。……贴近自我不等于贴近这个人的一生、一辈子,不等于贴近他概括的人格,不是的,有时仅仅是贴近他瞬间变化的心灵。"(《小大由之——语文教学访谈录》)

譬如我讲朱自清的《荷塘月色》,引导学生注意到他的江南情结。其江南情结最主要的表现方式就是对"莲"浓墨重彩的描绘。他笔下有两种莲:实景、虚境。朱自清花大量笔墨用各种手法描绘了清华园里荷塘中莲的实景,文末又连续引用两首关于莲的古诗词,营造了婉约清新明艳轻快的虚境。"采莲是江南的旧俗",朱自清的江南情结和浩渺乡愁,只有清华园的荷塘略能抚慰了。身不能至,魂里梦里能够暂时回到江南,也是好的。

另外一个表现方式就是以极为主观偏执的口吻描述"柳"。文中有三处写柳,让学生找出来进行比较:"荷塘四面,长着许多树,蓊蓊郁郁的。路的一旁,是些杨柳,和一些不知道名字的树。"我相信朱自清绝不至于只认识杨柳一种,但除杨柳以外,其他树的名字,全都被朱自清忽略。"月光是隔了树照过来的,高处丛生的灌木,落下参差的斑驳的黑影,峭楞楞如鬼一般;弯弯的杨柳的稀疏的倩影,却又像是画在荷叶上。"这一处简直是率真可爱的孩子气——将自己不喜欢的灌木妖魔化,丑化;杨柳的倩影却像是一幅画。"参差""斑驳""黑影""峭楞楞""鬼""弯弯""稀疏""倩影""画",用词的审美情感迥乎不同。"荷塘的四面,远远近近,高高低低都是树,而杨柳最多。这些树将一片荷塘重重围住;只在小路一旁,漏着几段空隙,像是特为月光留下的。树色一例是阴阴的,乍看像一团烟雾;但杨柳的丰姿,便在烟雾里也辨得出。"再次忽略其他树,而且,即便是在烟雾中,朱自清也能辨出杨柳的丰姿。柳,即"留",语文老师都知道它意味着什么。对江南的深深依恋,大约一开篇即在这杨柳的意象中弥漫开了。

朱自清的江南情结,当然需要结合他的人生经历——在江南的肉身辗转和在清华的灵魂辗转——两相对比,才能发现奥秘。鉴赏审美语言,眼里不能只有修辞和句式,否则,小学生读《荷塘月色》、初中生读《荷塘月色》和高中生读《荷塘月色》，岂不是收获全都一样，大家都只学会了比喻、拟人、通感等等？

4. 语境：意义限制与增殖

德国语言学家约翰内斯·恩格尔坎普认为："正如词义本身是不存在的那样，句义本身也是不存在的。词义和句义以及对词与句子的理解有赖于词与句子产生的语境和听这些词和句子的人。句子理解是他们谈话双方，尤其是听话者实现句义的过程，因此，只有联系语境才能真正理解句子的意义。"[1] 所以，语境是一个限定性的存在。而语言交流中出现的多义、歧义现象，正需要借助这种限制功能来进行选择和判断。正是因为有了"语境的调节、制约、定向，语词的多义性才受到限制，歧义得到排除，多义转为单义，于是，语言交流才得以顺利展开"[2]。因此，鉴赏审美语言，必须善于引导学生在语境中去发现这些限制，从而进行排除、筛选和判断。

譬如讲《一滴眼泪换一滴水》(《巴黎圣母院》节选)，我这样导入——

用幻灯片呈现课文标题，问："到底是一滴眼泪换来一滴水，还是一滴水换来一滴眼泪？编者的标题拟得好吗？你理解吗？"

讨论后明确：此处的"换"是回报的意思，是站在伽西莫多的角度以感恩的心情来表达的——这是一滴生命之水、恩慈之水，是以德报怨之水，我只好用我的真情之泪来交换和回报了。把眼泪放在前面，编者应该也有突出强调"眼泪"的用意，为了表现人性的美善只有用人性的美善才能唤醒。

标题中的"换"是个多义词，前后的语序也值得斟酌，放在语境中理解，在语境的限制下，意思就很明确了，而且这样的讨论也使得作品的主题初步显现。

语境除了有限制性之外，还有增殖性，或曰"能产性"。词语一旦进入语境，就必然同上下文发生错综复杂的意义关系，从而引起内涵的增殖，甚至

---

1 约翰内斯·恩格尔坎普：《心理语言学》，上海译文出版社，1997年，第114页。
2 马大康：《诗性语言研究》，中国社会科学出版社，2005年，第117页。

感情色彩的转化等等。

譬如我教《一个文官的死》，学生读完课文并没有对那个喷嚏产生任何疑问，于是有了这样一段教学：

师：这篇小说的主人公切尔维亚科夫从一个喷嚏走向死亡，从最直接的原因来看，都是什么惹的祸？（板书：都是_____惹的祸）

生：唾沫星子！

师：很好！唾沫星子！（板书：唾沫）切尔维亚科夫觉得自己的唾沫星子溅到了将军的身上，所以惶惶不可终日！但他的唾沫真的溅到了将军身上吗？这件事情是确定的吗？

（大家略感意外，低头看文章，沉默有顷。）

生：不一定。

师：何以见得呢？

生：因为第1段中说他"低下头去，于是……啊嚏！！！"他是低下头去打的，将军坐在他的前一排，不可能溅到他的身上。

师：那将军为什么要用手套使劲擦他的秃顶和脖子呢？

生：可能戏太精彩了，他看得太投入了，出了汗。（生齐笑）

师：（亦笑）分析有道理！很会读书，注意到了文中的细节描写。大家再看看还有其他依据吗？

生：我觉得可以从将军的几次答话看出来唾沫根本没溅到他身上。

师：哪几处答话？

生："简直是胡闹。……上帝才知道是怎么回事！"还有后面的："你简直是在开玩笑，先生！"

师：哦，从对话中发现。对这件事情，他简直觉得莫名其妙！天知道是怎么回事！那么前面为什么他会接受道歉，说"没关系"呢？

生：他可能根本没听清对方在说什么，他聚精会神地听戏，不想被打扰。

师：很好！可怜的切尔维亚科夫本来很有绅士风度地小心翼翼地打了个喷

嚏，他本来"一点也不慌"，没觉得有任何不妥，然而当他发现前面坐着一位将军，他的安全感霎时消失殆尽，随后便为了这样一个并不确定的事故一而再再而三地赔罪，执著地追求得到将军的谅解与宽恕，为此绞尽脑汁费尽唇舌，没料到反而招来了毁灭。所以我们可以说，都是唾沫惹的祸，不仅仅因为之前的唾沫星子，更因为后来唾沫横飞的解释与赔罪！然而如果我们更深入地去思考，你会发现真正惹祸的不是唾沫，而是为了唾沫犯的错而想用唾沫去纠错这一行动背后的心理，是这种心理惹的祸。这是一种什么样的心理呢？

……

当我们将语境中的全部信息编织起来，文本语言的意义就会增殖，从而揭开事物表象，直面矛盾本质，将文本理解向深处推进。

第6讲 LECTURE

培养审美思维

审美思维是主体对具有审美价值的客体所作出的能动反应。语文教学中的审美思维是文学阅读和文章写作的一种理解和认知方式,是内化了的个体精神图式。

图式,这一概念最初是由康德提出的,在他看来,图式是"潜藏在人类心灵深处的"一种技术和技巧。在康德那里,图式属于先验的范畴。

康德所说的"超感性基底",即那个"主观的,但却普遍有效的先天原则"(也即他提出的另一个名词"先验的共同感"),与孟子的一段话的意思大体一致:"口之于味,有同耆也,易牙先得我口之所耆者也。如使口之于味也,其性与人殊,若犬马之与我不同类也,则天下何耆皆从易牙之于味也?至于味,天下期于易牙,是天下之口相似也。惟耳亦然。至于声,天下期于师旷,是天下之耳相似也。惟目亦然。至于子都,天下莫不知其姣也。不知子都之姣者,无目者也。故曰:口之于味也,有同耆焉;耳之于声也,有同听焉;目之于色也,有同美焉。"(《孟子·告子上》）也就是说，人类的审美思维，有一部分是先验的，并且，是人类所共有的，因此也便是可能实现理解和沟通的。同时，也有一部分是后天的经验。休谟指出，人与人之间存在着一种共同普遍的尺度和标准。他认为，人与人之间的一致性并不是来自先验的理性，而是来自经验。换言之，来自一种普遍有效的观察，在这种观察中，人只注意事物中那些使一切国家和一切时代的人都能得到愉快的方面，又由于人性构造在本质上是一致的，这些相同的方面或性质就在人心中产生出相同的感情。

通过实验研究，皮亚杰赋予了"图式"新的含义并成为其认知发展理论的核心概念。在他看来，图式是一个有组织、可重复的行为模式或心理结构，是一种认知结构的单元。他把图式看作是包括动作结构和运算结构在内的从经验到概念的中介："认识既不能看作是在主体内部结构中预先决定了的——它们起因于有效地和不断地建构，也不能看作是在客体的预先存在着的特性中预先决定了的，因为客体只是通过这些内部结构的中介作用才被认识的。"这里所说的"内部结构"，就是图式。皮亚杰认为，图式是主体内部的一种动态的、可变的认知结构，个体所以能对各种刺激作出这样那样的反应，是由于个体具有能够同化这些刺激的某种图式。这种图式在认识过程中发挥着不可替代的重要作用，它能过滤、筛选、整理外界刺激，使之成为有条理的整体性认识，从而建立新的图式。皮亚杰认为，图式虽然最初来自先天遗传，但不会永远停留在一个水平上。一旦和外界接触，在适应客体的过程中（也就是在后天的经验中），图式就会不断变化、生长、丰富和发展起来，儿童的心理结构或认知结构，正是在不断适应环境的过程中，努力实现一种动态的平衡。

由此可见，审美思维这种精神图式是可以不断变化、丰富和生长的，是可以培养、发展和完善的。

童庆炳先生说："文学的特质首先根源于现实的审美之中。文学既然是审美价值的凝聚化和物态化，那么它的特质就是审美。"因此，在语文教学中，在文学的审美浸染中，培养学生的审美思维，是可能而且必需的。

一、知识与感悟——审美经验的生长

根据皮亚杰的理论,要培养审美思维,促进这种精神图式不断丰富和发展,就必须促进主体与各种客体的"接触",在此过程中,不断感知丰富的客体,适应丰富的客体,促进审美经验的生长。

人类的审美活动,包括对自然的审美、对艺术的审美、对关系的审美、对道德的审美、对情感的审美、对形体的审美等等,审美经验就是人们欣赏这些对象的时候,所产生的一种愉快的心理体验。这种心理体验是人的内在心理生活与审美对象之间交流及互相作用后的结果。

别林斯基说:"没有知识,我们就谈不到欣赏。"狄德罗说:"人们知道须要见过好多玫瑰花、好多比目鱼才能说出玫瑰花、比目鱼在植物和鱼类中是美或丑;更须对自然有大量知识,才能说出它们在自然物中是美或丑。"

在语文教学中,学生审美经验的生长同样需要知识,丰富的知识。他们需要经历更多,感受更多,才能领悟更多。

经常有老师请我帮忙开书单,而我最怕给人开书单。因为我读书没什么定性,一段时间对哪方面感兴趣了,就钻进去出不来;过段时间对另一个方面感兴趣了,又"一推车一推车地买"(一个网友这样笑我)。文学、教育学、哲学、宗教、美学、心理学、影视……我的案头,工具书不多,杂书不少(包括时尚杂志)。没有任何一本工具书可以完全满足一个语文老师的需要(不如说是学生的需要),青春的生命如同江河波涛汹涌,奔向阳光,奔向大海,任何一本书都不可能为我们提供圆满的答案。世界日新月异,我们也不可能做一个一成不变的人。爱因斯坦不但是一位伟大的科学家,还是一位出色的小提琴家。达·芬奇除了创作《蒙娜丽莎》和《最后的晚餐》之外,还曾绘制飞机和潜艇的平面图,探索人体的循环系统,发明了用于量度排水的液体比重计,创立了气象科学。林语堂是近代蜚声国际的中国文豪、教育家,同时也是一位发明家。他曾为了自己设计制造世界上独一无二的中文打字机而倾家荡产,甚至大笔举债,后于1952年取得该项发明的专利权。林语堂说:"人必有痴，而后有成。"这些伟人并非为了成为"伟人"才去拓展自己生命的疆域（类似人们常说的"跨界"——世上本无"界"，庸人自设之。生命不设限，世界更精彩），而单纯是为了林语堂所说的那点"痴"心，因着好奇和兴趣而朝着心之所向不断前行，时刻成为一个"无限"的人。

时刻成为一个"无限"的人，需要我们永远流淌，不断开放。过分依赖某一部工具书的人，很难满足学生成长中不断变化的需要。我喜欢不断为课堂引入活水，譬如好的电影、好的文章、好的作家、好的绘本、西方哲学、值得关注的新闻等等。我给学生讲几米的漫画《蓝石头》，看日本动漫《百变狸猫》，讲安房直子的幻想小说《狐狸的窗户》、奈保尔的《米格尔街》、尼采的《查拉图斯特拉如是说》，还有王小波、毕飞宇、木心、卡尔维诺、博尔赫斯……

譬如有一天，我在课堂上让学生观看了《大自然在说话》系列公益短片。以"大自然不需要人类，人类需要大自然"为宣传口号的《大自然在说话》系列公益影片项目由国际性非盈利环保机构——保护国际基金会发起，该系列公益影片项目在美国发布时便获得了好莱坞最具影响力的演员及公众的持续关注与支持，许多重量级好莱坞大腕纷纷为其"献声"。《大自然在说话》中文版配音阵容同样是星光璀璨，蒋雯丽、姜文、葛优、陈建斌、周迅、濮存昕、汤唯等纷纷为大自然发声。他们赋予大自然以声音，传递大自然的心声和对人类的忠告，引发人类对自己行为的思考，并倡导人类意识及行为的改变。每一个短片时长都只有一分多钟，但强烈的视觉冲击和充满情感的朗读触动心灵。我给学生看这一组短片，就是为了刺激他们的感官和心灵，让他们在其中了解到更丰富的知识，从而催生更鲜活的感悟。

周子腾在课后的作文中这样写道（节选）：

我是一个学生，生活在地球上的学生，经常看到环保的公益片，不以为意，觉得自己与环保还有一定的距离，只要认真学习便是最环保的了。但是几天前看到了一组名为《大自然在说话》的公益片，我深受触动。其中有一句话，也是这组公益片的主题："大自然不需要人类，人类需要大自然。"

地球已经诞生了46亿年。如果把这46亿年换算成24小时的话，地球诞生，最初的海洋开始形成，海洋中简单的有机物生成，为原始生命诞生提供前提条件的这一时期是零点零分到3点39分。到了16点9分才有生命诞生，从16点9分到24点整，也就是现在，生物一直在进化。其中恐龙统治地球的时间是22点40分到23点37分，人类是从23点57分开始的，而现代人类只占1分10秒，在这70秒里，我们干了什么？

短短的70秒，我们过度开采，过度捕捞，滥砍滥伐，过度开垦，过度放牧，滩涂围垦，填海造陆。前23小时里，地球生机勃勃，仅仅70秒地球几乎被掏空。地球不是仅仅属于人类的，我们有权利这么做吗？

这篇文章后来发表于《美文》杂志2017年第5期。

又譬如，我给学生看日本动漫《百变狸猫》，他们深受触动，对人类和人类以外其他生命的世界和生活有了颠覆性的认知和鲜活而又深刻的感悟，学生课后写作的影评批量发表在杂志《新作文》和《作文与考试》上。

分享其中两个学生的作文片段：

电影的结局是平淡的，狸猫最终在人类的前进力量之下融入到了人类的世界。除了偶尔可以变回狸猫躲回树林，他们终于变成和人类别无他样的动物。从"人类也是动物啊，可他们怎么比佛祖还要厉害"的感叹，到成为精于算计、事业有成的人类，充满荆棘的道路被缩短成一个多小时，倒也不觉得唐突。

狸猫越努力，反而与梦想越来越远。谁都听过这样一个词：不合时宜。就像人和狸猫，狸猫总是不合时宜的，所以被淘汰也是理所当然的。没有人说动画片就一定要温情，哭哭就好了，最后回归真实的生活还是要像狸猫在人群中生活那样，那样的符合时宜，那样的大众化，那样的挤在地铁里一声不发。

最后狸猫用幻术变幻出自己曾经的家园，从高楼大厦到山川湖海，一秒；

从绿草如茵到瓦块堆积，也是一秒。对着那些在草地上奔跑的狸猫大声地说："看！那是一年前的我们啊！"她说："我心里其实知道，过去的交给偶尔回看的时候怀念，而怎样把自己和好，捏成被大多数人认同的人，才是比梦想重要的东西。"

狸猫失去童心就不是狸猫了。我们失去了多少，最后还是不由自主地成为了人。（段文昕）

变成人类的狸猫是胜利者吗？人类是胜利者吗？或者大家都只是不同时代的失败者而已。

常胜将军注定战死沙场，一如被淹死的往往是那些会游泳的人。

在更为强大的人眼里，我们也只是狸猫，黑眼圈暴露了我们的疲惫与恐惧。风水轮流转，不是不报，时候未到。

狸猫不暇自哀，而后人哀之；后人哀之而不鉴之，亦使后人而复哀后人也。（许滢）

两位小作者都对《百变狸猫》的悲剧感和喜剧性有深刻的体味，字里行间流露出对于宇宙和生命的大悲悯。在他们的心中和眼里，狸猫就像人，人也像狸猫，在强大的环境中，每一个生命都无法自主。为了保有某些东西，我们往往必须失去某些东西，生命的残缺性与悲剧性是人类以及宇宙间其他生命的终极宿命。宇宙间没有绝对的胜利者，每一个生命都是在向世界攫取的同时也被剥夺。《百变狸猫》以"带泪的笑"向我们展示了世界的真相。段文昕的文字更为感性，你能够从她的文字里面感受到她对于人性失丧、自我失丧、乐园失丧的一种锥心之痛与忧虑彷徨；许滢的文字偏于理性，思想敏锐，语言犀利，一针见血，结尾的警策犹如英国诗人约翰·多恩的《丧钟为谁而鸣》，引人深思。

这样的课堂引入，让学生灵感充沛，元气淋漓。知识不断被更新，感悟不断被激活，审美经验生长了，审美思维自然也会随之发展。

二、理式与判断——审美规律的习得

审美思维的培养不能停留在感性认知的层面上，要促进学生审美思维的发展，就必须引导他们去体会和习得审美规律，并且逐渐将这些审美规律内化为其精神图式。

马克思说："动物仍按需求建构（塑造）自己，而人能够按照美的规律塑形。"[1] 尽管个体的审美思维有极其浓郁的主观色彩和极其鲜明的个性特征，但文学审美本身仍有规律可循。

"美是理念的感性显现"，这是黑格尔在其《美学》中提出的著名命题，也是其美学体系的基点。

罗马帝国时代最伟大的哲学家普罗提诺认为："美是理式赋予形式的东西；丑就是没有被理式赋予形式的东西……美是神、理式的放射。材料不因其自身是美的，只有被理式照耀时才美。光和火就最像理式，最像人体中的心灵，是它把美照耀到可视的东西之上。"

画家孟斯认为，美"是完善的、可见的理念"，"整个自然是美的；道德是美的；形式和比例是美的；表象和动作也是美的；但最美的是理性，它是所有的、最重要的、第一位的美的起因"。[2]

马尔克斯也说过："写东西几乎跟做一张桌子一样难。两者都是在与现实打交道，素材正如木料一样坚硬。两者都充满把戏和技巧。没有非凡的纪律却可以写一本极有价值的书，我认为这是不可能的。"马尔克斯所说的"纪律"，也正是理式、理念，或曰一种关于创作的审美规律。

无论是阅读还是写作，都有审美规律可循。教师应当在教学中以各种方式引导学生去发现、体会和习得这些审美规律，并逐渐将它们内化为自己的精神图式。学生掌握了基本的文学审美规律，才有能力在阅读和写作中作出判断。

1　马尔库塞:《审美之维》，李小兵译，广西师范大学出版社，2001年，第187页。
2　克罗齐:《美学的历史》，王天清译，袁华清校，商务印书馆，2015年，第116–117页。

同时，教师要注意在课堂中引导学生作出判断。是引导，不是暗示。如何有效引导学生作出准确的判断呢？康德告诉我们，"一个鉴赏判断所预先确定的必然性的条件就是共感的理念"，"一种情感的普遍可传达性是以一种共感为前提条件的"，"惟有在这样一种共感的前提条件下，才能作出鉴赏判断"。

下面以我在江苏新海高级中学讲的海因里希·伯尔的《在桥边》的课堂实录（节选）为例，谈谈小说阅读教学如何引导学生在共感的前提条件下对小说的理式（小说创作的形式美）作出判断。

师：那"女孩子"的出现应该属于情节的哪个部分？

生：应该是发展。

师：太棒了，聪明！开端：乱数。发展是忘了数……当"我"喜欢的女孩子出现的时候，"我"就忘记去数了。"我"的世界就整个的……怎么样了？请同学们把他的心理描写读一下。（生读）

师：我们知道，所有的事物要发展，必须有新的元素介入。如果没有新元素的介入，那么这个故事只会是"我"一直在那儿数，乱数，每天如此而已。但是，新的元素，这个女孩子出现了，事情就有了发展，有了变化，这个时候"我"的心就开始发生变化了。"我"的心情是如何呢？谁来给我们赏析一下？

生："我"每天看到心爱的姑娘走过来的时候，心里都非常激动，所有的注意力都集中在心爱的姑娘身上。为了心爱的姑娘，他忘记了一切。这也反映了，他其实根本就不重视这个工作。看到能够吸引注意力的，就能够把工作忽视掉。体现了他爱这个姑娘，但不注重这个工作。

师：他的赏析非常棒。但是，他说"我"对这个姑娘的忘情，表现了"我"对这个工作不在意。对不对？

生：（个别小声说）是不满……

师：很好，不满。"我"不是不在意，是不满。"我"每天待在那里数人，枯燥重复。他把自己比作什么呀？"我"就像是一台什么呀？

生：（齐声）"一台计时器"。

师：对。"我"没有感受到自己是一个活生生的生命，"我"就像一台计时器。"我"连一头拉磨的驴都不如，"我"没有生命的活气，"我"被当作机器一样在那里计数。对这样的生活，"我"是不满的。对这样的工作，"我"是不开心的。"我"并不是不在乎。我们从后边来看，他其实应该是挺在乎的，对吧？凭什么说他挺在乎？

生："最近他们对我进行了检查……"

师：当主任统计员准备来检查时，"我"就很在乎。因为"我"担心什么？

生：失去饭碗。

师：对，"我"首先要生存，要生存！但是同学们，"我"是否满足于仅仅存活下去呢？

生："我"不满足于存活。

师："我"仅仅存活下去，有点吃的，不饿死，第二天接着像那计时器一样，继续重复数人的工作，这样的生活简直是生不如死。这时"我"的内心特别渴望什么？非常渴求什么？

生：爱！

师：所以，这个女孩子的出现，顿时像一道光线一样，照亮了"我"，使得"我"放弃，使得"我"突然明白：原来，我要的是这个……

生：他需要的是一种美好的爱情，来为他的生活打开一扇窗户，让生活变得更光明，更加美好。全身心地投入自己的生活，就这样活下去。

师：说得很棒。但是我在想：是不是真的可以定义为"爱情"这个词？……（看到有学生举手）好，你补充一下。

生：如果是爱情的话，他应该努力去追求，但他只是看着。只能说是一种心理的慰藉、寄托。

师：心里的慰藉、寄托，他觉得这样美的一个人出现在自己面前的时候，他爱上了这种生命气息，这个女孩子的生命气息。所以呢，原来，他感觉到，哦，"我"是一个有感情的人，对不对？终于，"我"发现自己是有感情的，"我"不只是一台计时器，不是一个只会整天计数的机器。当一个人发现自己内心是有感情在跳跃的时候，他才发现自己是个活人。所以，这个女孩子的出现，让他感觉到自己的生命，感觉到自己也是有灵魂的人。所以这个女孩子的出现，让"我"发现仅仅像驴拉磨一样甚至连驴都不如而仅仅像一台计时器一样的存活，是不够的，远远不够的。他要存在，要存在。一个人的存在，不只是要有肉体的存活，还要有灵魂，有情感。所以这个女孩子的出现唤醒了"我"，照亮了"我"。好，这是故事的发展，那么高潮是什么呢？两个人在一块儿聊天，聊着聊着突然打起来了。为什么呀？为什么聊着聊着就忽然打起来啦？有什么东西产生了呢？

生：矛盾。

师：对，一定有矛盾产生了。所以，必须有矛盾产生才能把事件推向高潮。那么，这个时候"我"遇到了什么样的矛盾，然后将情节推向了高潮呢？

生：对面的矿工告诉"我"，主任要来检查"我"的工作，"我"得认真去数人，不能再像以前随心乱数。刚好那个女孩儿又经过了，"我"就不可以在女孩经过的时候，像以前一样把全身心都放在她身上。现在即使女孩儿走过，"我"也要一个人一个人地数。就相当于最后的寄托也被剥夺了。

师：好！他说的这个矛盾就是：主任要来检查，"我"必须数得准确，才能保住饭碗，于是"我"失去了欣赏女孩的自由，"我"再也不能在女孩经过的那短暂的几分钟里面，把桥上路过的那些人全都忽略掉，沉浸在对美的沉醉当中。而且，"我"不想把心爱的女孩计算到冰冷的数字中去。那么这个时候"我"作出了什么样的选择？

生："我"并没有把那个女孩记录在这些数字中去，同时，这个女孩走过的时候，"我"并没有像往常一样目送她远去，仍在坚持数数。

师："我"在守护心中的美好，也在恪尽职守地去数，以保住自己的饭碗。

生：是。

师："我"作出自己的选择，漏数了一个，主任亲自数的数据，跟"我"的数据仅仅相差一个。这一个就是谁呀？

生：女孩。

师：这一个就是女孩。无论如何，即使危及"我"的饭碗，"我"也绝不，绝不把心爱的女孩计算到这个冰冷的数据里面去。这，就是"我"的选择，这是"我"做出的最大的让步："我"还是帮你数，其他的人"我"都数，但是，这个女孩儿不可以，只有她不可以。无论如何不可以。"我"守护了"我"心中最美好的东西。这是"我"的选择。我们面对矛盾的时候，矛盾最终要解决。解决矛盾一定要我们作出选择，对不对？而每一个人在矛盾当中所作出的选择，都可以体现他自己的价值观是吧？好，那么"我"作出的这种选择，其实不仅仅是"我"的价值观，它也是谁的价值观？

生：作者。

师：作者，对。太聪明了。它也是作者的价值观。作者想要通过"我"的这种选择来说明什么呢？想强调什么？

生：对美好的事物要有自己的坚守，保持心中对美好事物的向往和追求。

师：非常棒！即使一个人没有办法在这个物质世界中存活下去，自己也有可能因为这个失误而丢掉饭碗，但也绝不放弃心中对爱和美的守护。也就是说，人类的灵魂需要和物质需要一样重要，甚至前者更重要，是吧？所以作者要表明的就是这样一个价值观，一个人活着，不能像一台计时器。一个人不能仅仅为数据而活着。一个人不可以，一个时代也不可以。一个时代不可以忽略人的精神需求，不能仅仅看重物质。战后的新桥可以重建，但是人类的心灵家园却很难在瞬间重建起来。这就需要我们一点点地去经营和守护。在这个时候，"我"作出的选择就是故意漏数。注意，"故意漏数"和"忘数"是不一样的，忘数是因为忘情，但漏数是故意的，是"我"作出的理智的选择，是一个很严肃的决定。结局是怎样的呢？读到这儿我们是不是有点为他担心呀？数错了一个，数漏了一个，不会因此丢掉饭碗吧？但是结局有点意外，是吧？结局是什么？

生："我"得到了主任的赏识。

师：嗯，"我"将被调去干吗？

生：数马车。

师："我"对这个结局怎么看，"我"的感受和反应是什么？

生："我"太高兴了。

师：这不是太奇怪了吗？数马车还是在桥边，还是要整天守在那里，有什么值得开心呀？

生：觉得自己"简直是交了鸿运"。

师：为什么呀？

生：他可以工作得很轻松，有自己的空余时间。在这段时间里他不但可以去看自己心爱的姑娘，还可以有更多的时间来建立自己的内心世界了。

师：好，非常好。可以有更多的时间去看她想她，即使并不是真的能追求到她。这个故事如果放在现实中来看的话，"我"最终有没有可能和这个女孩子成为伴侣呀？

生：没可能呀。

师：其实"我"也知道自己没有可能，但是只要自己心中有那么一种牵念，就觉得生活很美好了！大家知道吗，尼采说过一句话："如果一个人知道自己为什么而活，他就可以忍受任何一种生活。"你看"我"就是这样：当这个女孩儿出现了，"我"即使没有好运去数马车，即使每天还在桥上数人，也是开开心心的对不对？因为"我"知道自己为什么而活了。有这样一个女孩放在心中，她就是一份光明，一份温暖；"我"虽然过着一成不变的重复的生活，但我内心变了，内心有了温暖，有了光明。作者可以设计一个更"好"的结局，比如主任说："你不错，是个人才，明天开始做我的贴身秘书吧。"怎么不这样设计，而只是让他仍然待在桥边数马车？

生：首先我觉得当秘书这个情节不合理。一直在桥边数人的一个人一下子就升级成为主任的秘书了，这就有点儿太不合情理了。小说首先要在情理之中。还有就是我觉得数人和数马车，这两种工作差距不大，然而"我"觉得很高兴，这就更能体现出心中的美好对于人的重要性，带给人力量。

师：很好。小说虽是虚构的，但也应有合理性。艺术的真实是必须的。一个人内心的美好能带给人巨大的力量，微小的变化就可以让他如此满足。另外，我在想：在主任他们那些人眼中，"我"这样的人，就只配在哪儿呢？

生：（齐声）在桥边。

师：只配永远在桥边，无论你是数人、数汽车还是数马车。所以他们从根本上无论是责备你，还是欣赏你，都从没有把你当人看。所以，他们对于这些生命的忽略，正是作者在作品当中要批评的。好，刚刚我们梳理了情节，我们读小说为什么要分析情节？分析情节是为了解读什么呀？

生：主旨。

师：还有呢？

生：认识人物。

师：对，人物。我们刚说了人物。文章中"我"是主角，但这篇小说里还提到了其他的人，还有些什么人？

生：以主任为代表的他们。

师：对，他们。

生：还有那个姑娘。

生：还有数汽车的矿工。

师：数汽车的矿工这个人物，有必要出现吗？一个次要的小人物嘛，可不可以删除？

生：不可以。

师：那他出现有什么用啊？那位男同学说说看。

生：反映了当时社会中那些底层人的互相帮助。

师：他们团结友爱，互相帮助。

生：也和"他们"形成了对比。

师：和"他们"的冷漠无情形成对比。"他们"要的是数据，而"我们"之间有友情。底层人民之间有友情。很好，这是一个方面，还有没有补充的？

生：他的出现将情节推向高潮。

师：他的语言推动了情节，是吧？他的语言推动了情节发展，把故事推向了高潮。如果没有他给"我"的一句提醒，"我"就不知道主任要来检查，对吧？（生点头）没有这个矛盾，"我"就不能作出选择，对吧？（生点头）很棒！请坐。所以这个矿工的语言推动了情节的发展，丰富了小说的内容，同时呢，还有什么作用？数汽车的矿工，如果没有他，就"我"一个人在桥边演出自己的一生，你会觉得怎么样呢？

生：那就有可能"我"只是极个别现象，而矿工的存在说明了是普遍现象。这其实是当时的一个很普遍的社会问题。

师：太棒了！他的存在，告诉了我们：这不是一个个例，这是一个当时的普遍现象。像"我"这样的人还有很多，被他们忽略了精神和灵魂，被当作机器来使用的人还有很多很多。所以，这个人物的出现很重要，不可以删去。

在这堂课中，我不断引导学生在"共感"的前提条件下，发现并体会小说创作的理式（即小说的形式美、人物美和主旨美），习得小说创作和阅读鉴赏的审美规律，并对其情感内涵和表现手法作出准确的判断。这样，学生的审美思维便很自然地从感性体验过渡到了理性鉴赏。

三、词语与言说——审美情感的演绎

诗人剑男说："我们一般所说的自然语言是凌驾于客体事物之上的，一种约定俗成的，被普遍认可的规范系统，它不仅是对具体事物的命名，而且对事物之间的关系包括人与事物之间的关系进行命名和确认，是赋予意义的方式，每一个词语都有其确定的所指和概念。而对于诗歌语言而言，它和我们所说的自然语言肯定是有区别的，它的逻辑句法本性虽然存在，但通过词语组合的形式，往往要把自然语言规定了的意义空间进行扩充。也就是说诗歌的语言是反对日常语言的陈词滥调的、反对约定俗成的语言方式的——因为自然语言的公共性，它能使某种真实、美好而隐秘的东西显得苍白、无力、缺乏意味。我们说一个优秀诗人的写作就是把自己的写作和他人的写作区分开来，这种区分除了个人对万事万物的认知、感受不同之外，一个最重要的特点就是语言。……比如海子,……他重新命名了麦子或者说在诗歌意义上直接命名了麦子这一词语,并将它延伸到麦地、村庄、马匹、粮仓、河流、树木等意象系统,几乎涵盖了整个中国农业社会……我看到很多中学语文教师都在简洁、凝练、准确、优美四个方面谈论现代诗歌的语言,这对古典诗歌而言大致是不错的,但这种概念化的分析对现代诗歌来说显然是有问题的。简洁是一种美,但有时候语言的繁复也是一种美;有的诗歌语言用的是宣泄的长句并不见得简练;有的语言反而在模糊中展开更广阔的意义空间;甚至有的诗歌对传统进行颠覆,语言很粗俗。因此对于诗歌的语言分析不能一概而论,要看具体诗歌中,它通过词语的组合所获得的表现力。"(《现代诗歌鉴赏的三个关键词》)

这段话对我有很大启发。文学语言的原初本质是一种"隐喻","隐喻是文化解释的一种方式,也是语文认识与把握世界的一种方式"[1],所以,解读词语,解读词语的组合方式,理解作者在言说中所演绎的审美情感,并引导学生自己透过词语的组合,在独特的言说中去演绎自己的审美情感,才是语文教学中审美思维培养的终极目标。

里尔克曾将诗人的工作阐释为"我赞美",这实在是一语道破写作的真谛。写作并非词语的游戏,而是借着组合词语,向人们赐予、显现、去蔽、敞开、澄明、涌现,一切隐匿的存在、宇宙的真理、生命的奥秘,皆因此呈现而出,一切的不在场皆因此呈现而出,诗人的灵魂在赞美中与宇宙接通,诗人的情感在流淌中完成了演绎。

跟诗歌相比,小说的词语和言说往往显得更为直白,然而小说的情感演绎仍然需要艺术的审美技巧。苏联作家巴乌斯托夫斯基的《金玫瑰》(又译作《金蔷薇》)里有一篇小说《海滨渔夫》:海边有个啤酒馆。天气很冷,刮着寒风。海浪呼啸。几个年轻人在那喝着冰冷的啤酒,嘻嘻哈哈。这时来了一个非常穷苦的老人,穿着破大衣,带着一条狗。狗就跑到那群大吃大喝的年轻

---

[1] 成尚荣:《文化隐喻:重构语文教育》,《中国教育报》,2016年3月24日。

人座位边上去,把它两只前脚举起来,做出求食的样子。年轻人就哈哈大笑,做出非常轻薄的动作,拿一点香肠面包施舍给小狗。这个时候,老人突然愤怒起来,把狗叫回来,不许狗吃那嗟来之食。狗回来了,老人从扣子脱落的大衣口袋里拿出一些零钱——上面沾着草屑和污秽,为狗买了一份食物。

这个老人穿着的大衣纽扣掉了(生活上自顾不暇),啤酒是冰冷的("冰冷"不仅是酒的温度,更是人情的温度),钱币沾满了肮脏的草屑(是个无家可归的流浪汉吧),在这样寒冷的天气里,人比狗更需要食物,然而老人用这些零钱为狗买了一份食物。这是尊严的价格。在老人眼里,狗也是生命,每一个生命都有尊严;在老人心中,狗是他相依为命的伙伴,是有着共同生活境遇的朋友甚至亲人。所以,老人为狗买食物,不仅仅出于老人与狗之间的感情(若是仅仅出于感情,作者就不必交代老人此举的前因——年轻人的嗟来之食),更是因为老人对狗的处境心有戚戚,捍卫狗的尊严就是捍卫他自己的尊严。一个生活中的小画面,竟然可以被言说得壮烈如战争。这样的言说不是为了唤起读者的同情,而是要让读者肃然起敬:再贫穷的人也有尊严——即使是一个流浪汉,再卑微的生命也当尊重——即使是一只狗。

同样是"人与自然"的主题,言说方式和演绎风格不同,意境和张力就大为不同。譬如我曾经给学生出过一道作文题:

不能删除晴空,那是白云的故乡

不能删除大地,那是小草的怀抱

不能删除蝉鸣,那是夏天高调的火焰

不能删除白雪,那是冬天卑微的身世

都不能删除呀,所有的都不能删除

我思前想后,只能删除我和你呀

两个无所事事的人

一对终日为爱反目的人

请根据这首诗歌，以"我们"为题，写一篇文章。

要求：自选角度，文体不限（诗歌除外）；不少于800字；写出自己的真情实感；不得套作，不得抄袭。

一个热爱建筑学，梦想有一天功成名就之后，为山区的建设贡献自己的爱心、智慧和力量的女孩，写了这样一篇文章：

我 们

广州外国语学校　卢嘉欣

《圣经》有言："上帝说，要有光，于是便有了光明。"六日，上帝创造了世间万物，大地一片祥和。

上帝创造了亚当、夏娃，并将其安放至伊甸园，他们却因偷吃禁果，被驱逐出伊甸园，来到了这片大地。从此，我们在这片大地生息繁衍。

我们是被驱逐的，我们似乎是不速之客。繁饶的大地，宁静似乎被打破了。开垦，猎杀，烧毁……我们似乎是不被欢迎，不被接纳的。离开的，不应是湛蓝的天空、青翠的小草……

但是我们无法忘记，在西斯庭教堂高大的穹顶上，亚当与上帝指间相触的一瞬。我们是被赋予了智慧和使命的，我们是不能被删除的！我们是有意义的，是重要的！

春秋战国，七雄争霸。我们处于混沌厮杀当中，烽火四起，生灵涂炭。但我们还有清醒的，孔子教人礼仪，墨子教人非攻兼爱，韩非子教人法规。春秋战国，百家争鸣。大地乍显智慧之光。

十四世纪，我们在教皇、教廷的愚弄下，我们仍然走向光明。但丁的《神曲》唤醒沉睡的我们，米开朗基罗的大卫像在佛罗伦萨的街头展现着力与美的和谐，拉斐尔笔下的圣母尽显人间母性的光辉。我们不再愚昧，我们走向真理，走向科学；我们不再冷漠，人性的光辉灿烂了整片大地。

当黑死病在大地肆虐，恐惧在蔓延，我们一天天地死去，我们一天天地活下去，我们相信，噩梦会被驱逐。英国主教在牛顿城建下知识的殿堂，我们可以接受科学的启蒙，我们不再害怕，因为事出必有因果。牛顿大学就像一颗种子，破土而出的是求知的渴望，而后大学就如雨后春笋，在这片大地四处冒出。今天，牛顿的知识之光依旧闪耀如初，大地也早已为知识光芒所覆盖。

我们从来都不是无意义的、不重要的。我们昨日、今天都在犯错，我们会被私欲、利益蒙蔽了双眼，但我们会忏悔，会挽回，会改过，亦会自新。

昨日的伤亡无法挽回，纳粹残杀上千万犹太人；今日我们在忏悔改过，慕尼黑犹太人纪念馆警醒我们，我们呼唤平等，呼唤和平。我们终日为爱反目，我们也会在下一秒和好如初。

这是我们，我们在这。

这是一篇考场作文，后来发表在《中学语文》2013年第1期。

我在作文题中出示的材料是一首小诗，一路行云流水轻描淡写，到最后不动声色地给了读者一个五雷轰顶："我思前想后，只能删除我和你呀／两个无所事事的人／一对终日为爱反目的人"。而我的学生卢嘉欣的作品是散文体裁，充沛的情感，丰富的素材，深刻的思考，一路排山倒海，据理力争。她替人类中肯地申辩，慷慨陈词；她也替人类真诚地忏悔，痛定思痛。她对人类不失望，对未来有信心，她用她的真诚与执著，呼唤着每一个生命握手言和。如果说那首小诗的言说更优美，那么这篇散文的言说则更有力。二者在审美情感的演绎方面，因着言说方式的不同而形成了不同的风格。在教学中要引导学生练习不同方式的词语言说和不同风格的情感演绎，同时形成并不断完善自己的审美风格。

审美思维是一种"诗意的思"，它使人们在获得审美的心灵自由之时，与真理同在。

第7讲 LECTURE

完善审美个性

上一讲我们提到过康德的"先验的共同感"和孟子的"口之于味也,有同耆焉;耳之于声也,有同听焉;目之于色也,有同美焉",其实拉丁文中还有一句谚语"谈到趣味无争辩",而中国也有句类似的谚语"萝卜青菜,各有所爱"。这就是审美的共通性与审美的个性,二者是"相生相克"的,它们既互相生发又彼此克制,既互相矛盾又彼此支持。

审美的共通性是美育的基础和前提,而审美的个性化是美育的目标和境界。在教育学的视角下,个性是显示个体多种素质总和的个体生命的独特性。个性是个体生命的本质所在,是独立的人格、独特的生理心理和创造性思维能力。每个个体生命都是唯一的,不可替代的。审美个性的参差多态正是人类幸福的本源。

美育能够保护个体生命的活力,发展其创造力,促进个性的完善和人格的发展。那么,在语文教学的审美教育实践中,如何完善学生的审美个性呢?

一、偏见与明识

对于艺术的审美解释,海德格尔曾提出"前结构"的概念,即理解需结合"预先有的文化习惯""预先有的概念系统"和"预先有的假设"[1]。预先有的文化习惯是指人在进行理解、解释活动之前已经"有"了的东西。海德格尔认为,此在总是存在于一定的历史、文化传统之中,历史与文化先占有了我们,我们成为历史和文化传统中的人,这种状态即"前有"。

无独有偶,伽达默尔曾提出"偏见"的概念。他区分了两种不同的偏见:盲目的偏见和合法的偏见。盲目的偏见是不能正确运用理性、能够导致误解的偏见,必须克服。合法的偏见则是由于"时间距离"造成的,这种偏见是一种普遍现象,是人永远无法摆脱的。但同时这种偏见又是沟通过去和将来的桥梁。因为理解既不是解释者克服历史性所造成的"偏见"以顺应、接近和破译本文,也不是"偏见"单向地、武断地去同化、判断本文,而是"偏见"与本文相互作用的过程,解释者利用"偏见"生产性地去解释本文,解释过程中"偏见"也受到检验、调整和修正,从而更好地展示本文的真理,主客体双方在理解过程中都得到了发展。[2]

而早在我国东晋时代,杰出画家、绘画理论家顾恺之已经提出"偏见"这一概念。顾恺之在《论画》中评《北风诗》时说:"执偏见以拟通者,亦必贵观于明识。"四川文理学院副教授、中国人民大学哲学院博士研究生王赠怡先生翻译如下:"要把不被人们所理解的偏见转化为明白通达的看法,也必须注重基于神明之识的发现能力。"王赠怡先生说:"事实上,真正具有艺术个性的创作对于艺术认识普遍滞后的大众来说,就是一种'偏见'。""艺术偏见往往是艺术个性产生的一个基本前提。那么如何将艺术偏见转化为艺术个性呢?从顾恺之现存的艺术理论来看,大抵可以概括为三个方面:其一,艺术审美个

1　钟虹滨:《美术教育本真论》,湖南教育出版社,2010年,第12页。
2　朱立元:《接受美学导论》,安徽教育出版社,2004年,第6页。

性的建构应不囿于普遍认同的观点;其二,基于明识的偏见就是艺术个性;其三,明识是偏见转化为审美个性的根本条件。"

在中学语文教学实践中,审美教育同样应当尊重和认可学生的"前结构",鼓励并欣赏其"合法的偏见",在课堂审美活动中开启焕发主体内在生命的丰富而有效的通道,注重对个体作为人的价值的肯定与激扬,培育和完善学生的审美个性,促进审美的多元共生和参差多态。这一方面是由主体的阅读特点所决定的:阅读就是主体把"我"的情感倾注于文本中,以"我"的情绪、"我"的体验、"我"的前结构、"我"的眼光和头脑而最终得出"我"的理解的过程,是充溢着个体生命独特精神气质的一种认知活动;另一方面也是由文本本身的特点所决定的:文学语言本身带有许多不确定性、空白或者多义性,"召唤性是文学文本最根本的结构特征,它成为读者再创造活动的一个基本前提"[1],它赋予了读者"仁者见仁,智者见智"的权利。

因此在语文教学的审美教育实践中,我们应当做到以下三点:

第一,言传身教,以个性倡导个性。

要完善学生的审美个性,教师自身必须首先做到不人云亦云。要有自己独特的眼光和见解,有自己独特的选择和发现,以自己独特的勇气和智慧来开启真理的亮光,以自己独特的悟性和灵气来传播美。譬如在文本的选择方面,在文本的解读方面,充分体现出教师自身的审美素养和审美个性,做到感性体验与理性思考相融合,带领学生领悟作品的情感内涵和审美意蕴,激励并引导学生与众不同的发现。

第二,真诚交流,以敞开呼唤敞开。

列宁说:"没有'人的感情',就从来没有也不可能有人对于真理的追求。"将"真理"一词换作"美"也是同样成立的。要想获得丰富而深刻的审美体验,不断完善学生的审美个性,教师就必须走下"神坛",跟学生一起敞开心扉,真诚交流,并且教师要以自己的敞开去呼唤学生的敞开。因为有很多学

---

[1] 朱立元:《现代西方美学史》,上海文艺出版社,1993年,第1105页。

生习惯于自我封闭,羞于表达。教师要为学生营造一种可以充分敞开心灵、轻松自由表达的环境和氛围,同时让学生感受到,内心情感的丰富是一种美,内心情感的自由与解放也是一种美。正如朱光潜在《谈美感教育》一文中强调的美育具有心理解放的功能:"情感的解放""眼界的解放""自然限制的解放"。

第三,智慧引领,以明识催生明识。

什么是明识呢?王赠怡说:"'明'所包含的哲学意义大抵可以概括为三:一是觉察细微;二是复归本原;三是神明结合所产生的万物之生机。'明'所涵盖的这些意义都可以统一于道的名下,因为道是精微的、复归本原的、注重富有生机的生命的。"所以,明识可以说就是对于宇宙和人生的终极问题的最高智慧。"合法的偏见"令审美参差多态,而明识是审美尽管参差多态却并不彼此冲突而能美美与共的前提。

需要警惕的是学生当中的"盲目的偏见",这种偏见有时候就是列·斯托洛维奇提到的安徒生童话《白雪皇后》中的特罗利的镜子,其特点是一切美好的东西在里面一照就会化为乌有,而一些没有价值的和丑陋的东西在其中会变得更突出更夸张。特罗利的学生"拿着这面镜子到处跑,弄得没有一个国家或民族没有在里面被歪曲过"。后来镜子被打坏成许多碎片,碎片落到一些人的眼睛里。眼睛里有这种碎片的人"看起什么东西来都不对头,或者只看到事物坏的一面"。列·斯托洛维奇说:"如果一个人回避美而能欣赏丑,那么意味着,在他的眼睛里有邪恶的特罗利的镜子的碎片。审美教育就应该取出这些碎片。"所以,语文教学中的审美教育,需要教师自身富有智慧,以明识催生明识,促进学生将审美偏见转化为审美个性。

二、自由与限制

个性化的审美活动不应当受制于模式或者公式,真正意义的审美不以实现功利性的教育目的为前提,不以审美技能的练习涵盖审美教育活动,因为美本身就是一种自由。黑格尔说:"审美带有令人解放的性质。"马克思主义的美育理论强调人的自由、全面的发展和人感觉的丰富性的解放，认为"每个人的自由发展是一切人的自由发展的条件"。然而，对于个性化的审美活动来说，自由与限制仍旧是硬币的两面，互为一体，不可分割。

审美活动中的自由主要表现为想象或联想的自由活跃。康德把"审美理念"定义为"想象力的一个加在被给予的概念上的表象"，这"表象"使人对一个概念联想到许多不可言说的东西，对这些东西的情感使认识能力活跃起来，"想象力（作为生产性的认识能力）就用现实的自然提供给它的材料仿佛是创造出另一个自然而言是很强大的。当我们觉得经验太平常的时候，我们就拿自然消遣；我们也可以改造自然，虽然还总是按照类比的法则……此时我们就感到我们对于联想律的自由（联想律是与那种能力的经验性应用相联系的），虽然按照联想律，材料是从自然给我们借来的，但这材料却能被我们加工成某种完全不同的东西，亦即加工成超越自然的东西"。为了进一步阐明，康德列举了两个相对的例子："伟大的国王在他的一首诗中这样说道：'让我们毫无怨言地从生命中退出，不为某种东西感到遗憾，因为我们以累累善举把世界留在身后。太阳在完成了一天的行程之后，还把一片和煦的光辉撒在天际；而它传送到空中的最后的光线，就是它为世界的福祉吐出的最后一息。'这时他在自己生命的终点还在用一个标志来使他关于世界公民意向的理性理念活跃起来，这个标志是想象力（通过一个晴朗的傍晚在我们心灵中唤起的对已度过的美丽夏日的所有适意的回忆）附加给那个表象的，而这就使得一批自身找不到表述的感觉和附带表象有了生气。另一方面，甚至一个理智概念也能够反过来用做一个感官表象的标志，并这样来通过超感性的东西的理念使得这个感官表象活跃起来；但是，这只是因为那主观上附着在超感性东西的意识上的审美东西被应用于此。例如，某位诗人在描写一个美丽的早晨时说：'太阳喷薄而出，如同安谧从德性涌现。'德性的意识，即便人们只是在思想上置身于一个有德之人的地位，也在心灵中散布一批崇高的和使人安谧的情感，以及一个欢快的未来的无边远景，它们是任何与一个确定的概念相适合的表述都没有完全达到的。"

康德所列举的两个例子，前者是赋予抽象的情感理念以感性具体的表象，后者是赋予具体的感官表象以理性抽象的概念，二者都是借助想象力来进行类比，从而刺激心灵的活跃，建立联想的回路，强化审美的感受。

这种想象和类比是自由的，但又并非随心所欲建立的联系，它们之间有微妙而合乎情理的对应。这就如在儒家"比德"的审美想象之中人与自然的联系与对应都是合乎情理的一样。

儒家所谓的"比德"，就是以自然事物来比附道德，将自然万物作为人的美德的象征。"比德"一词，见于《礼记·聘义》中孔子与子贡的对话，孔子说："夫昔者君子比德于玉焉：温润而泽，仁也；缜密以栗，知也；廉而不刿，义也；垂之如队，礼也；叩之，其声清越以长，其终诎然，乐也；瑕不掩瑜、瑜不掩瑕，忠也；孚尹旁达，信也；气如白虹，天也；精神见于山川，地也；圭璋特达，德也；天下莫不贵者，道也。《诗》云：'言念君子，温其如玉。'故君子贵之也。"孔子将玉的自然属性与人的道德品性相比对，认为玉有仁、义、礼、知、信、乐、忠、天、地、德、道等种种伦理内涵。孔子通过比德将"玉"这种自然物象（或曰"表象"）变成了美德的意象（或曰"象征"），这种"表象"正如康德所说，"使人对一个概念联想到许多不可言说的东西，对这些东西的情感使认识能力活跃起来"。

无独有偶，《管子》中说玉有九德，荀子将玉德归为七类，许慎归为五类，玉作为一种自然事物，果真有他们所谓的君子之德吗？以科学的眼光来看，答案显然是否定的，但以审美的眼光来看，这样的自由想象是浪漫美丽的。这就类似于朱光潜所说的"我们对于一棵古松的三种态度"：木商是实用的态度，植物学家是科学的态度，画家是美感的态度。实用的态度以善为最高目的，科学的态度以真为最高目的，美感的态度以美为最高目的。

"合目的性"，康德称之为"附着的美"："一个人的美（而且在这个种类中有一个男人的美，或者一个女人的美，或者一个孩子的美）、一匹马的美、一座建筑（教堂、宫殿、军械库或者花园小屋）的美，都以关于目的的一个概念为前提条件，这个概念规定着该事物应当是什么，因而规定着它的完善性的概念，所以纯然是附着的美。……善与美相结合也将损害鉴赏判断的纯粹性。""无须概念而被认识为一种必然的愉悦之对象的东西，就是美的。""一个墙壁构成斜角的房间、一块具有这样的风格的园地，甚至一切对于对称性的损害，无论是在动物的形象上（例如独眼）还是在建筑或者花卉画的形象上，都是不讨人喜欢的，因为这是违背目的的，不仅是实践上就对这些事物的一种确定的应用而言，而且对于在各种各样的可能意图上作出的评判来说亦是如此；在鉴赏判断中就不是这种情况，鉴赏判断如果是纯粹的，就不考虑应用或者某个目的，而把愉悦或者不悦直接与对对象的纯然观赏结合起来。""一个鉴赏判断，就一个具有确定的内在目的的对象而言，惟有当判断者要么对这个目的没有概念，要么在自己的判断中抽掉了这个目的时，才会是纯粹的。"[1]

一直以来，人们对于康德的"美是一个对象的合目的性的形式"这句话的理解和引用大都是断章取义，这个句子要想成立，还必须具备后面的一个附加条件："如果这形式无须一个目的的表象而在对象身上被感知到的话。"康德反复强调"合目的性"只是"善"（有实用价值）而不是"美"："一切呆板地合乎规则的东西（它接近于数学上的合规则性），本身都有违背鉴赏的成分：它并不以对它的观赏提供长久的娱乐，而是如果它并不明确地以知识或者一种确定的实践目的为意图的话，就将造成无聊。与此相反，想象力能够自然而然地和合目的地以之游戏的东西，对于我们来说任何时候都是新颖的，而且人们不会对观看它感到厌倦。"[2]

康德所谓"纯粹"的、无实用目的的鉴赏判断，是语文教学审美教育很重要的一部分内容——它关乎心灵和精神。譬如《项链》中玛蒂尔德的结局，现实中并没有人会愿意承担那样的命运，但从审美的角度来看，它仍不失为美：没错，玛蒂尔德对上流社会生活的向往是一种虚荣，是一种欲望，然而，

---

[1] 康德:《康德美学文集》，李秋零译注，中国人民大学出版社，2016年，第68页、76页、78页、69页。

[2] 同上，第78页。

全人类都是因为有"欲望"才选择了继续活下去，完全没有"欲望"的人不曾出生或者已经死去。无论这"欲望"是高级趣味还是低级趣味，都是活下去的动力。活下去，一切才有可能，包括把低级趣味升华为高级趣味的可能。有欲望才有天堂。一个没有欲望的人，对活着感到索然无味，就连天堂也吸引不了他（她）。人生欲越强，战斗力越强，欲望得到满足之时，幸福感才越强烈。一个没有欲望的世界，就是比地狱更可怕的"死"。短短半生，玛蒂尔德经历了人生的种种，比永远活在一个平面死于一条直线的人精彩多了，幸运多了。帕斯卡尔说："（人）既是一切事物的审判官，又是地上的蠢材；既是真理的储藏所，又是不确定与错误的渊薮；是宇宙的光荣与垃圾"，"我要同等地既谴责那些下定决心赞美人类的人，也谴责那些下定决心谴责人类的人，还要谴责那些下定决心自寻其乐的人；我只能赞许那些一面哭泣一面追求着的人"。(《思想录》) 玛蒂尔德就是那个"一面哭泣一面追求着的人"。

正如王蒙《在声音的世界里》所说："一个真正的强者，一个真正激越着和欢快着的人，未必会唱很多的歌。一个财源茂盛的大亨未必会去写企业家的报告文学。一个成功的政治家，大约不会去做特型演员演革命领袖。一个与自己的心上人过着团圆美满的夫妻生活、天长地久不分离、人丁兴旺、子孙满堂的人，大概也不会去谱写吟唱小夜曲。莫非，艺术是属于弱者、失败者的？"从实用价值来看，没有任何人愿意做艺术家；但从审美价值来看，艺术是人类的灵魂居所。

情感的浸染，灵魂的熏陶，这种纯粹自由、无关任何功利目的的审美，是语文教学中很重要的一部分内容。但是，作为语言学科，又不能仅仅关心心灵和精神，还要借着对语言文字的审美活动来培养学生对语言文字的感受能力和驾驭能力。真正有审美价值的文字，同时也是"合目的性"的文字。语言文字的美，是人"按照美的规律来建造"的，只不过这种规律需要巧妙地隐藏在作品中，要从艺术作品所表现的场面与情节中自然地流露出来。正如钱钟书所说："理之在诗，如水中盐，蜜中花，体匿性存，无痕有味。"所以，学习语言文字，需要在感受想象力的"自由"的同时，发现文学创作的"限制"——在语言文字运用方面的审美规律。

列·斯托洛维奇在《审美价值的本质》中提到沙莱里的一句话："我像解剖尸身似的，把'声音'屠杀了，细细地剖察它们的音乐。我以代数来检查和谐。"列·斯托洛维奇因此提出一个问题："可以用'代数来检查和谐'吗？"然后他自己作出回答："不能混淆两种不同的东西：对世界的审美关系本身和由美学实现的对它的理论认识。当一个人欣赏风景美或者阅读诗歌时，他当然不需要任何数学。如果在观赏绘画《塔拉卡诺娃公主》时，计算每分钟有多少立方米的水流进她的囚室，那么审美体验还剩下多少呢？任何理论，包括审美理论不能够也不应该代替直接的审美感知。然而，审美感知本身能够并且应该成为理论研究的对象。事实上，弄清楚一件艺术品能比另一件产生较强的审美影响，难道不是饶有趣味的吗？"

三、独立与和谐

"组织自己的演示思想有两种方式，其中的一种叫做风格（审美的方式），另一种叫做方法（逻辑的方式），……惟有前者才被视为美的艺术。不过，一个艺术产品惟有当它里面的理念的演示着眼于特异性，而不是被弄得与理念相适合的时候，才叫做风格化了的。"[1]

"谁不熟悉同别人分享自己审美体验的需要啊！这种需要是艺术创作的动力之一：在艺术作品中艺术家描写自己的审美关系，以便把它传达给其他人。然而，即使不创造艺术作品，我们也体验到一种需要：想使其他人看到展现在我们面前的世界的审美丰富性。换言之，对世界审美关系的交流性表现为：当一个人审美地感知世界时，总是这样或那样地感觉到同其他人的联系，而审美感知的对象仿佛成为人们之间交际的原因。"[2]

---

[1] 康德：《康德美学文集》，李秋零译注，中国人民大学出版社，2016年，第142页。
[2] 列·斯托洛维奇：《审美价值的本质》，中国社会科学出版社，1984年，第235页。

以上两段话给了我们重要的提醒：要促进学生审美个性的完善，就必须在保持个体独立性的同时，促进个体与群体的和谐。

这里所说的"和谐"并非努力"适应"群体或刻意与群体"趋同"。真正的和谐至少包括两个方面：自身的分寸感、与他者的呼应。

自身分寸感的重要性，正如列·斯托洛维奇的描述："蝴蝶绝对不是有益的昆虫，矢车菊在黑麦田里发出浅蓝色，虽然它不过是一种莠草，但是它们引起审美愉悦；……全部长着矢车菊的黑麦田野的景象未必应当认为是美的。"另外，他提到北极飞行的领航员在飞行时不能审美地对待北极光："北极光亮起来了——北极的夜晚一片明亮。但是，五彩缤纷的闪光不给飞行员带来喜悦。极光'吞噬'无线电波，联络受到破坏，稍有懈怠就会迷失方向。"所以，就算是美的事物，也要注意分寸和密度。语文教学中的审美活动，也需要教师精心的设计与运筹，审美活动同样需要分寸感和适当的密度，并非越多越好，也并非越有序列越好。审美活动反而不适合像技能训练一样序列化地步步为营、反复强化，它需要的恰恰是自然随性、自由舒展，就像冰心的句子所描绘的那种意境："走在生命的两旁，随时撒种，随时开花。让穿枝拂叶的行人，踏着荆棘，不觉得痛苦，有泪可落，却不是悲凉。"

审美活动不适合序列化，就像一份书单不可能适合所有人一样。世界日新月异，我们应当时刻成为一个"无限"的人。时刻成为一个"无限"的人，就意味着以无数种方式与千千万万的生命和形形色色的生活发生交集与碰撞，甚至缠绕和交融，最终变得丰富深刻、明慧通达。不再褊狭，不再僵硬，不再冰冷，不再妄下结论，会在对一个问题作出判断之前全面而深刻地审视它，会知道任何判断都不是最终的，所以总是愿意站在最新的时空中对这个问题进行重新的思考和判断。时刻成为一个"无限"的人，就乐于寻找源头，将一切还原或者重估，而不会为家庭的、社会的、主流的、传统的东西所束缚。优秀的人才是在美的熏陶下"生长"成的，不是训练成的。自由随性地带着他们漫步于文学艺术的田野上，纵情山水，指点春光，他们才会灵感沛沛，元气淋漓。

"与他者的呼应"既是每一个独立完善的个体自我实现的需要，也是世界完整和谐、多元共存的需要。列·斯托洛维奇说："对世界真正的审美关系是无私的，它摆脱粗俗的功利主义，然而它不孤立于其他人的关系，特别是道德关系之外，因为在它的无私性中有着个人和社会的利益、需要的最高融合。"

"与他者的呼应"，总让我想起传说中那美妙的场景——

这个日神阿波罗的儿子，他的音乐可以使万物着魔，可以使无生界起舞，可以使生物界入眠。他和优丽狄斯结婚后，正在沉入甜蜜的律动的时候，妻子被一条毒蛇咬伤中毒身亡。奥菲斯伤痛之余，决定下临地府，以其强烈动人的音乐，要把优丽狄斯起死回生，带她重返人间。他哀伤的音乐果然打动了地府的神祇，允许他把优丽狄斯带回去，但有一个条件，就是让优丽狄斯跟随在他后面，但在他重见光明之前，不许他回头看他妻子是否跟随着他。奥菲斯快到地狱出口的时候，终于忍不住内心的澎湃，他一转头，只见优丽狄斯惊叫一声，随即消失永灭……其后，这双重的死亡使奥菲斯骇然如石化，伤痛至骨肉相错……他竖琴的乐音创造了众树……他的肉身分化，解体为自然事物，各自发声……

——叶维廉《众树歌唱》初版序

众树歌唱，是最震撼的乐章、最动人的姿势。"每一棵树"都从生命的同一源头（生命的爱与痛）启程，在不同的旅途上各自发声，在这个"双重的死亡"步步紧逼的世界里，他们目击，他们言说，他们歌唱，他们抵抗，他们也痛苦地沉默，直到痛至"骨肉相错"，然后，在他们裂开的伤口那里，开出了花，结出了果。

让孩子们的心灵自由发声，让孩子们的性情自由绽放，课堂才会出现这种众声喧哗的效应——这才是最美的风景。只有守护每一个个体的性情的本相，如同上帝创造万物一样，让他们各从其类，各美其美，才能真正帮助他们逐步形成并不断完善自己的审美个性。上帝从来不会勉强葡萄树成为栋梁，也不会要求松树像葡萄树一样硕果累累。审美教育亦当如是。众树歌唱，亦如百花齐放。欣赏各种不同的声音，鼓励各种不同的发现。让每一个人做自己，守护自己性情的本相，做一个灵魂可以随时随处自由舞蹈的人。美美与共，才能天下大同。

第 8 讲

提升创美能力

审美教育的终极目标是创造美。苏霍姆林斯基说:"为创造美而进行劳动,能使年幼的心灵高尚起来,能事先防止冷漠情绪。孩子们在创造大地上的美的过程中,自己也就变得更美好,更纯洁和更可爱。"

朱光潜认为,"生命"是与"活动"同义的,活动愈自由,生命也就愈有意义。他说:"严格地说,离开人生便无所谓艺术,因为艺术是情趣的表现,而情趣的根源就在人生;反之,离开艺术也便无所谓人生,因为凡是创造和欣赏都是艺术的活动,无创造、无欣赏的人生是一个自相矛盾的名词。"

高中语文课程标准在"学科核心素养和课程目标"中对"审美鉴赏与创造"如是表述:"审美鉴赏与创造是指学生在语文学习中,通过审美体验、评价等活动形成正确的审美意识、健康向上的审美情趣与鉴赏品位,并在此过程中逐步掌握表现美、创造美的方法。"对"美的表达与创造"如是诠释:"能运用祖国语言文字表达自己的审美体验,表达自己的情感、态度和观念，创造自己心中的美好形象；讲究语言文字表达的效果及美感，具有创新意识。"

语文教学中的审美教育，不仅要培养学生感受美和欣赏美的能力，更要提升学生表现美、创造美的能力。那么，如何提升学生的创美能力呢？

一、养护心灵的敏感性

创造的灵感属于心灵敏感的人。

灵感如同一只野生动物，这只野生动物，我愿意叫它狐狸。它活泼、灵巧、轻盈，它有点调皮，甚至有点疯狂，然而又十分敏感害羞。如果我们想要见到一只狐狸，最愚蠢的办法就是大摇大摆地在森林中穿行，大叫大嚷地唤它出来。但如果我们愿意悄悄地潜入森林，然后在一棵树下静候一两个小时的话，它很可能就会出现，这时我们便可捕捉到它弥足珍贵的真貌了。

这是一只渴望被驯养的狐狸。驯养，就是建立联系。在《小王子》里，狐狸说，驯养"应当非常耐心"——开始"你就这样坐在草丛中，坐得离我稍微远些。我用眼角瞅着你，你什么也不要说。话语是误会的根源。但是，每天，你坐得靠我更近些……"灵感就是这样一只狐狸。你需要相当有耐心，也需要有守望的恒心。保持一个美好的距离，然后，一天一天靠它更近。

叔本华说："人们把艺术作品的基本思想在头脑中的形成过程，称为'koncep-tion'（受孕、观念、构思）是相当确切的，因为'观念''构思'之于艺术作品，就像受孕之于人的出生一样，是最关键的。并且，与受孕一样，它不但需要时间，而且还需要时机和情绪。"

神经紧张的人不可能有所创造（急中生智是另外一种：情境急，内心静，才可能生出智慧，化险为夷），要想获得灵感，就需要等待时机，酝酿情绪。要让思维有张有弛；没有松弛，潜意识中被压抑的信息和观念就无法呈现。

当然，整天躺着睡大觉，灵感也不会来敲门。灵感不会光顾懒汉，也不会垂青一个凡事漫不经心、怠慢生活、麻木迟钝的人。

康·帕乌斯托夫斯基说:"构思就如闪电,产生于人的满含思想、感情和记忆的印痕的意识之中。所有这一切是逐步地、慢慢地积累的,等到电位差增大到一定程度时,就必然导致放电现象。"

很明显,康·帕乌斯托夫斯基既强调了时机,又强调了生活体验的日积月累:"人的满含思想、感情和记忆的印痕的意识"。这些"意识"从何而来呢?从生活和观察而来,从阅读和思考而来。

如果说灵感是狐狸,那么阅读就是森林,只有在森林中,才常有狐狸的出没。譬如中国的禅偈和汉诗影响了日本的俳句,而日本的俳句原型又激发了欧美意象派诗人和先锋派诗人的灵感,只有大量地阅读与思考,才能催生灵感。驯养灵感就像驯养一只狐狸,你若毁灭了它的生存环境,停止每天向它供给食物,它就会出逃或者饿死。

要养护心灵的敏感性,就要用心生活,留心观察,潜心阅读,专心思考,并且醉心于写作,这样才会时常有灵感光顾。譬如我们学习了《诗经》中的《蜉蝣》之后,我的学生何明靖就写了一篇文章《蜉蝣一世》,她说:"蜉蝣,日出而生,日落而殁,在激流中蜕皮,飞出水面,在阳光下完成爱情与延续后代的使命。短短不到一昼的时间里,它经历了生命的所有美好和痛苦,带着疲惫,安静地走向死亡。这三亿两千万年前便出现的生物,越过《诗经》的歌,越过流水的叹,越过时间的光影,依旧如它刚刚出现时那样,在蜕去二十四次皮之后,用力地飞出水面,用力地寻找伴侣,不吃不喝,然后用力地产下数以千计的卵,在燥热的夏夜里,像一片火红的叶,飘进无底深潭;像一粒火红的石子,坠向潭底,永不复生。蜉蝣一世,不过朝夕,却也完整,却也令人羡慕不已。蜉蝣的幼虫,是经过二十四次蜕皮,才得以化为成虫的。蝴蝶破蛹而出,需要的是承受撕心裂肺般痛苦的勇气。蜉蝣二十四次蜕皮,除了勇气,还需要能接受下一次痛苦的冷静和忍耐的毅力。一次又一次地脱去陈旧的外壳,才换得了飞出水面的动人舞姿,才换得了追求的权利。痛苦后的幸福,才格外刻骨铭心。正如雨后的空气,才格外清新透明。"

二、尊崇心灵的自发性

创造力离不开客观世界，离不开生活的土壤；但有了土壤并不一定就能长出花草树木。如果土壤里面没有种子，土壤永远只能是土壤而已。正如叔本华所说："一切事情最终都取决于我们自身的能力；正如没有一样食品或者药物可以给予我们生命元气，或者取代它，同样，没有哪一本书籍或拼命地下苦功学习可以给予或者取代我们自身独特的精神思想。"

文学作品的诞生亦如是。从创作主体的角度而言，创作的动力永远来自创作主体的深层心理。潘新和教授说："生活是粗糙的，写作更需要的是对生活之'真'的'审美''理性''诗意'观照，一般人缺乏的不是生活，而是'美感''哲思''诗性'。不是'修辞'技术问题，而是靠心灵驱引下的想象与虚构，自由能动的精神创造。写作是一个生命化、心灵化、个性化的创育过程。其中最关键的不是'生活'与'写作技术'，而是良好的心智背景的建构（包括'体式感''文体感'以及想象力等）。没有心灵化的原生态的生活，是一钱不值的，永远不会变成文章。只有被丰饶的心灵同化、氤氲过的生活，被活跃的想象力、创造力解构、重组过的生活（不是生活的生活）才是文章。生活谁也不缺，只要你活着，想没有、不要，想不丰富都不行；缺的是心灵，心灵是文化、生命、思想、情愫滋养、浸润出来的，不是想要就要得到的。语文教育不是一个劲地赶学生去观察、贴近、体验生活，而是要培育学识丰满、精神自由、人格健硕的言语生命。"

审美教育的过程就是一个情感解放的过程，艺术的心灵首先是自由的心灵。在自由解放的状态下，个体的生命能量和想象力才会充沛而活跃，在这种状态下，创作主体的深层心理才会充分绽放。如果教师给学生太多的束缚、规范、模式化训练或者过于具体的预设，都会影响学生的"自发性"创造。

曾经有老师在南京听过我讲的一节作文课后发邮件跟我说："应该说这堂作文课颠覆了我对传统作文教学的印象，原来作文课还可以这样上！想来也是，每次在作文课上给学生讲授写作技巧，干巴、枯燥而无味，学生听得累，自己讲得也累。更关键的是收效甚微,大多是无用功。但每次还是'乐此不疲'地重复,只是为了完成教学任务而已。如果能用丰富多样的材料去激发学生的思考,何愁笔下无物呢?毕竟内容是重于技巧的!对学生来说,材料本身也是一种很好的积累。"

对此,我曾写过一篇文章《将"不练习"进行到底》,发表于《语文建设》2014年第8期。我在其中这样说:"作文导思课上,我们要做的最有价值的事情是松土,让各种各样的种子能够从不再板结的土壤里冒出头来,发芽,开花,结果。我不会去教他们怎样思考,因为教他们思考其实就是规范和局限他们的思考。我只会提供一些素材来激发他们的思考,释放他们的性情,唤醒他们的心灵。"

尊崇学生心灵的自发性,引导学生发现好作品的共通之处(即"体式感""语言美"等规律性的创作美感),而不必自以为是地"教"他们某种万能模式。

当然,这并不意味着可以放任自流,教师无所作为。尊崇学生心灵的自发性,同样需要教师精心设计,激活学生的情感和思维,这样才能催生创作灵感。

譬如作文的命题,如果作文题具有思辨性(矛盾)、独特性(新鲜)、时代感(亲切),便会激活学生心灵的自发性,点燃创作激情。有思辨性,即命题所给的材料包含了矛盾的元素,这样的命题就很容易激活学生的思维。有独特性,即材料新颖或话题新鲜,是未尝探讨过的,或很少关注和思考的,或是司空见惯以为理所当然而换个角度能另有发现的,这样的命题也很容易激活学生的思维。有时代感,即有鲜活的时代气息,这样的命题容易让学生有亲切感,很容易角色代入,所以,也很容易激活学生的思维。这三个特点,我在作文命题时往往会兼顾。

三、保持心灵的独创性

独创性是创造力的核心要素。有独创性的心灵，不墨守成规，不满足于已知的世界，对新事物、新问题怀有高度的敏感和浓厚的兴趣。只有这样的心灵，才能有所创造。要提升学生的创美能力，就必须保持并发展学生心灵的独创性。

个体的独创性与生俱来，我们要做的只是去保持它，发展它。然而现实是，我们常常扭曲它，扼杀它。

叔本华说："每个小孩都在某种程度上是一个天才，而每个天才都在某种程度上是一个孩子。"

庸才是我们造就的。我们教他们怎样说漂亮的排比句，我们教他们怎样引用那些死了很久的人的例子，我们教他们怎样迈出第一步，然后怎样左右摇摆一下再继续走出第二步，之后再怎样转身怎样跳跃然后又如何张开手臂呼唤这个时代拥抱这个世界，最后又如何优雅地谢幕鞠躬飞吻提裙摆抛媚眼。与文学无关，与生命无关，与幸福无关，与价值无关。多数的孩子在考场上乞讨而不是表达，更不必谈感染、震撼与征服。

美国心理学家 S·阿瑞提指出："在成长与接受教育的过程中，幼儿丧失了自己特有的、个人的方式而获得社会给予的影响……在社会化过程中失去了原始的、非派生的独创性。"

对此，叔本华很早就曾指出并作出了详尽的阐释："事实上，天才之所以成为天才，就是因为他把儿童期所占据优势的感觉系统和认知活动，以某种非同寻常的方式持久不断地保持终生。"然而，"只有极少数得天独厚的人，才可以终其一生保留少年时的思想特性，或者青春美。甚至到了高龄，这种思想特性或者年轻时的美貌风韵所留下的痕迹仍然清晰可辨。这些是真正的天才，或者真正俊美的人"。他甚至关联到动物界的相似现象："最聪明的猩猩是年幼的猩猩"，"各个种属的类人猿都向我们显示了年龄与智力的反比例关系"，而原因就是我们在成长的过程中失去了对世界"纯粹客观的兴趣"，仅以"个体利益"作为行动的动因。"绝大多数人的脸上都有平庸的印记,都有着俗不可耐的表情,这其实是因为从这些人的脸上就可以清楚地看出:他们的认识活动严格地服从和受制于他们的意欲活动,这两者被牢固地捆绑在一直,以致产生了这样的结果:除了与意欲及其目的有关的事物以外,他们无法感知其他别的事情。"而"人们所说的才思泉涌、灵光乍现、迷醉狂喜的瞬间,等等,其含意不是别的,而是当智力暂时获得了自由、不用为意欲效劳的时候,智力并没有松弛下来和陷于无所事事之中,而是在短时间内自发地活跃起来。这时,智力变得至为纯净,它成为反映这一世界的一面清晰的镜子","只有当智力摆脱了意欲活动的控制,自由面对客体,并且在没有受到意欲驱动的情况下仍然保持异常活跃时,世界才会连同其真正色彩和形状、全部和正确的含意一并出现"。[1]

在写作方面,为了保持学生心灵的独创性,我常常对他们说下面的话:

第一,不要迷信模式。模式连一根救命稻草都算不上。写作不是泥瓦匠码砖头,文字是心灵的声音,是思想的窗口。倘若不是发自内心的真情与思想,外在的模式和技巧只如冰冷的面具一般令人生厌。写作之不可盲目追求模式技巧,就如同接吻之不可盲目追求模式技巧。有模式技巧而无灵魂的写作,是人间的垃圾;有模式技巧而无情感的"接吻",索然无味。这两样事物,一样的让人倒胃口。

第二,要勇敢地打破模式,打破别人的,也打破自己的。罗素说:"参差多态乃是幸福本原。"王羲之说:"群籁虽参差,适我无非新。"一切事物的魅力和生命力都来自其源头活水,苟日新,日日新,又日新。

第三,写作的最高境界是超越模式。所谓超越模式,不是拒绝模式,而是将模式融化在血液里,化有形为无形(类似于武林高手的"无招胜有招"),让它成为一种写作审美的潜意识。

---

[1] 叔本华:《叔本华思想随笔》,韦启昌译,上海人民出版社,2008年,第12–14页。

四、提升心灵的交互性

创造美不是闭门造车,闭锁的心灵和狭隘的视野很难有所创造。提升心灵的交互性,能够为创造美提供更多的灵感和契机。

理论物理学家、量子力学奠基人之一马克斯·玻恩曾说:"我个人的经验是,很多科学家和工程师都受过好的教育,他们有文学、历史和其他人文学科等方面的知识,他们热爱艺术和音乐,他们甚至能够绘画或者演奏乐器……"玻恩的话毫不夸张,他自己会演奏钢琴,常与管弦乐队一起演奏协奏曲;爱因斯坦常常在美妙的旋律中触摸宇宙的"神经",他说他的科学成就很多是从音乐的启发而来;开普勒受其家乡和谐曲的启迪提出了行星运行轨道公式;薛定谔因欣赏自然美时引起的联想和想象而萌生出揭示生命之谜的遗传密码概念;画家达·芬奇还曾绘制飞机和潜艇的平面图,探索人体的循环系统,发明了用于量度排水的液体比重计,创立了气象科学;地质学家李四光善于拉小提琴;数学家华罗庚对琵琶弦上最佳音色点的数学推导与著名琵琶演奏家刘德海长期测定所得正好一致;科学家钱学森喜欢弹钢琴,他说他在研究工作中遇到瓶颈时,往往是夫人蒋英的歌声使他豁然开朗,得到启示……爱因斯坦称迈克尔逊是科学中的艺术家,而迈克尔逊也坦言他的试验选题"要求研究者有着学者的分析的智慧、艺术家的审美知觉和诗人的形象性语言"[1]。

可见,心灵的交互性,直接影响着一个人的创造性。美育在为想象力提供高频率的活动机会的同时,也就为灵感(或顿悟)的产生提供了丰富的机遇,审美能力与创造能力几乎是在一同成长。

语文教学中的审美教育,如何提升学生心灵的交互性呢?最重要的途径就是海量的阅读涵养和丰富的信息刺激。因此,高中语文课程标准要求:"通过各种传媒,关注当代文化生活热点,聚焦并提炼问题,展开专题研讨,解

---

[1] 周义澄:《科学创造与直觉》,人民出版社,1986年,第275页。

释文化现象","建设各类语文学习共同体","通过社会调查、观看演出、参与文化公益活动等,丰富语文学习的方式,积极参与当代文化生活"。

我教每一届学生,阅读的课程和信息的提供都不断在更新变化。因为我自己在变,在不断生长。只有不断提升学生心灵的交互性,他们才会灵感充沛,元气淋漓,他们的创造力才会源源不断,蓬勃饱满。

因着好奇和兴趣而朝着心之所向不断前行,时刻成为一个"无限"的人,与千千万万的生命和形形色色的生活发生交集与碰撞,甚至缠绕和交融,最终就会变得丰富深刻、创意无限。这样的"无限",需要我们永远流淌,不断开放,满足学生成长中不断变化的需要,通过心灵的交互,不断激发新的灵感。

五、促进心灵的整合性

美国心理学家S·阿瑞提认为创造过程是由原发过程和继发过程结合而成的第三过程。原发过程的主要内容是人的无意识的欲求,体现为原初冲动。继发过程的主要内容是概念活动,体现为有意识的思维。第三级过程的主要内容就是原发过程和继发过程的完美整合,体现为审美的升华。而创造力的秘密就在于这两种过程的有机整合。

S·阿瑞提指出:"创造的精神并不拒绝这种原始(亦或古老的、陈旧的、脱离实际的)心理活动。而是以一种似乎是'魔术'般的综合把它与正常的逻辑过程结合在一起,从而展现出新的、预想不到的而又合人心意的情景。"

S·阿瑞提所谓的"'魔术'般的综合",就是心灵的整合力。越有整合力的心灵,越有创造力。

整合性是创造力的一个重要指标,马斯洛说:"对于伟大的国务活动家、伟大的治疗学家、伟大的哲学家、伟大的父母以及伟大的发明家来说,也同样如此,他们全都是综合者,都能够把分离的甚至对立的东西纳入一个统一体中。"

美育本身就具有发展整合性的功能,它促进主体对事物的整体和谐的感受与认知，对内在自我进行深层的协调，从零散的信息走向整体的意境，统一知觉与想象、体验与灵感，以浑然的直觉推动对事物综合把握后的重新认知与崭新创造。

譬如语感，它凭借的不是逻辑思维，而是浑然天成的直觉思维。余应源说："我认为，语感这一概念应定义为：是对言语内涵的一种直觉能力。"直觉思维类似于一种综合驱动的"本能"。就像泰戈尔曾在国际大学中国学院的小子册里所写的："世界上还有什么事情比中国文化的美丽精神更宝贵？中国文化使人民喜爱现实世界，爱护备至，却又不至于陷于现实得不近情理！他们已本能地找到了事物的旋律的秘密。不是科学权力的秘密，而是表现方法的秘密。这是极其伟大的一种天赋。因为只有上帝知道这种秘密。我实妒忌他们有此天赋，并愿我们的同胞亦能共享此秘密。"泰戈尔所说的这种"本能"（或曰"直觉"），区别于逻辑推理和考察演绎，它比后者更直接，更敏锐，更浑然，更综合，甚至往往还更准确。

直觉是创造性思维的一种基本形式，它能够以最快的速度把握住整体，整合所感知到的各种信息，直接洞察事物的本质，从而迅速地从多种可能性中作出选择，产生有价值的设想和预见，所以，许多科学家把它看成是创造的起点。

心灵的整合性虽然大部分依赖天赋的直觉，但后天适宜的活动仍能促进其发展。审美教育能够协调主体的整个身心，不断丰富感性，完善理性。同时，要引导学生梳理信息，训练思维，譬如在认识事物时，首先要从诸多要素中分清主次，抓住主导要素，把握其本质；其次，在突出主导要素的同时，也要注意次要要素和环境条件，避免简单化、片面化、绝对化；再次，让主导要素、次要要素和环境条件多向交互，力求达到最佳的整体效应；最后，注意各要素的发展变化（历时性）以及它们之间的交互相干作用（立体性）。

整合思维的模式基本如是：整体—分析与综合—整合，即从整体出发，通过分析与综合，求得最佳的整合效应。

第9讲 LECTURE

文学经典审美

那些蕴藏着丰富的思想和情感，富有个性化和原创性艺术技巧的经典作品，具有持续可读性，不论是思想内涵还是表现形式，文学经典都有其独特的深刻性和复杂性，是快餐读物无法媲美的。博尔赫斯说，"命中注定要不朽的作品"，"可以穿过书写的错误，近似文本、漠不关心的阅读、不理解的火墙，不朽作品的灵魂经得起烈焰的考验"。

年少正好读经典。语文教学不能仅仅满足于教材上的文本，更要带领学生领略文学经典的美。文学经典的审美不同于教材中短篇课文的审美，它需要具备以下几个方面的深刻认知以及随之而来的充分敞开。

一、对人性的忠诚度

文学经典之美，首先表现在它对于人性的忠诚度。忠于真实的人性，无论是人性的弱点，还是人性的光辉。这样的忠诚就像一面镜子，让我们在阅读中看见自己，也看见整个人类的心灵。

而我们能够读懂经典的前提就是：人性是永恒的。人类从古至今，在人性方面是有一致性，有共通之处的。罗曼·罗兰早年就相信人类是有一致性的，他认为艺术和科学应该强调这种一致性。1893年年初，他在日记中写道："……透过千变万化的形式，不断地揭示人的一致性，这是艺术和科学的主要目的。"后来，罗曼·罗兰收到许多信，说从他的小说《约翰·克利斯朵夫》主人公的身上认识了自己。发信人大都是欧洲人和美洲人（包括北美和南美），但也有一些是中国人、日本人和印度人。罗曼·罗兰认为这正是人类一致性的证明。"他们当然给他穿上了自己的衣服。"罗曼·罗兰补充说。不过他认为这是细枝末节，无关宏旨，因为服装尽管不同，血肉却是相连的。[1]

所以，文学经典的审美，首先就要忠诚于真实的人性。不必为尊者讳，也不必粉饰遮掩，直面人性，认识自我。

被鲁迅称为"史家之绝唱，无韵之《离骚》"的《史记》，既是史学经典，也是文学经典。课堂上跟学生一起读《史记》中的《项羽本纪》，讲到垓下悲歌的时候，大家发现一个问题：项羽本是"欲东渡乌江"的，为什么乌江亭长出现后讲了一番话，他反而来了个急转弯，拒渡自刎了呢？

有人说，只有一条船，只能渡他一个人，他若丢下跟随他的骑兵独自逃生，未免显得太不仁义了。但设若乌江亭长带来的是两三艘船，可以将项羽的残余部队全部渡过江去，他是不是就愿意过江了呢？

讨论之后的结果有两种：如果他们是怀着对项羽东山再起的期待，怀着对项羽的敬仰和感恩而来，项羽会带着部队一起过江；如果他们仍是怀着同情和怜悯，劝项羽降格以求，瓦全苟安——"江东虽小，地方千里，众数十万人，亦足王也"，那么，他同样会选择拒渡。

将门之后的他，力拔山兮气盖世的他，曾经叱咤风云"霸有天下"的他，那样心高气傲以一敌百的他，可以被田父欺骗——陷入大泽仍可引兵而

---

[1] 张隆溪：《比较文学译文集》，北京大学出版社，1982年，第156页。

东，可以被故人背叛——被吕马童出卖指认仍可"吾为若德"，可以被敌军追杀——身陷重围仍可为部下溃围、斩将、刈旗，但他不可以被同情。正是乌江亭长的同情，杀死了这位情长气短的英雄。"纵江东父老怜而王我，我何面目见之！"从来做王的人都是因着崇敬与拥戴；靠着百姓的怜悯与施舍而登上宝座，这样的王，从来就没有过。项羽一向自视甚高，他生来就是一个需要被仰望的人。他怎么能够承受这样的悲悯？这就是他欲渡乌江却又态度急转，拒渡自刎的根本原因。

当我们忠诚于人性的真实，把项羽还原成一个真实的人而不是一个神坛上的英雄的时候，我们就能够理解更多。课后让学生以"英雄"为话题写作，佳作如云。

二、对个体的关注度

布鲁姆认为，具有想象性、虚构性和崇高性的文学，展现的是生命体的个性、自我与变化。文学鉴赏需要关注创作主体及其作品中展现的个性，只有这样的鉴赏才能给予现实生活中的个体以生命烛照。他认为，莎士比亚笔下的人物，如福斯塔夫、哈姆雷特和伊阿古等，均是个性完整的统一体；乔治·艾略特在《米德尔马奇》中塑造的人物有着活泼的个性。

个体的珍贵性，正是由个体的独特性决定的。只有区别于那些我们已经司空见惯的形象的独特个体，才能唤起我们的注意，震撼我们的神经。人类的一致性让我们的沟通成为可能，个体的独特性却让我们的兴趣自然发生。如果仅有一致性而无独特性，人类早已死于麻木厌倦了。正是个体的独特性让世界有了无数种可能，生命的不可复制性让世界丰富多彩，没有绝对可靠万无一失的规律，才有了许多让人牵肠挂肚的未知和可能，世界之无法绝对掌控的紧张与无力，使得人类的情感变得丰富而又细腻。这正如名人传记并不能让每一个人复制他们的成功，就是因为每个人都拥有属于自己的传记记忆。

散文家刘亮程在《一个人的村庄》中说："作家都是通过自己接近人类的，

每个作家都希望自己最终发出人类的声音。但在这之前，他首先要发出属于自己的声音，一个有价值的作家要关注的恰恰是生活中那些一成不变的东西，它们构成了永恒。"

往往是那些个性鲜明、轮廓清晰的形象，才有力量带领我们走向人性深处，抵达灵魂的终极。而那些千人一面的大众脸谱，根本无法给我们留下印象，更不必说影响我们的心灵。

所以，文学经典的审美，必须有对个体足够的关注度，只有从个体出发，才有可能走向全人类。我们总是从"这一个"看见更多。

譬如肖洛霍夫的《一个人的遭遇》中，主人公索科洛夫虽然不是高大的英雄，但他消灭敌人，仇恨叛徒，热爱同志，勇敢而善良，尤其是他面对苦难时拥有强大的耐性与韧性。他或许没有伟大的理想，但他实实在在地生活着。他收养孤儿，给他一个温暖的窝，炮火和死神无法扑灭爱，残酷的命运没有压垮他。英雄总是少数，正是这种普通人，支撑着伟大的俄罗斯民族。

一个人的遭遇，其实是当年千百万苏联人的共同遭遇。一个人的性格，也正是一个民族的性格。所以结尾时作者以第一人称的口吻说："两个失去亲人的人，两颗被空前强烈的战争风暴抛到异乡的沙子……什么东西在前面等着他们呢？我希望：这个俄罗斯人，这个具有不屈不挠的意志的人，能经受一切，而那个孩子，将在父亲的身边成长，等到他长大了，也能经受一切，并且克服自己路上的各种障碍，如果祖国号召他这样做的话。""我"在悲悯和担忧"两颗沙子"的命运的同时，还有一种期待、鼓励、信心、赞美与自豪：尽管战争如此残酷，牺牲如此巨大，但只要祖国号召，俄罗斯人永远不会计算代价或退缩不前，俄罗斯性格会代代相传。

三、与道德的距离感

米兰·昆德拉说："小说家一旦扮演公众人物的角色，就使他的作品处于危险的境地，因为它可能被视为他的行为、他的宣言、他采取的立场的附庸。

而小说家绝非任何人的代言人,并且我要将这个话说透:他甚至不是他自己想法的代言人。当托尔斯泰写下《安娜·卡列宁娜》初稿的时候,安娜是一个非常不可爱的妇人,她悲剧性的结局是应该的,是她应得的下场。而小说的最后定稿则大不相同,但我不认为托尔斯泰在其间改变了他的道德观,我觉得在写作过程中,托尔斯泰聆听了一种与他个人的道德信念不同的声音。他聆听了我愿意称之为小说的智慧的东西。所有真正的小说家都聆听这一高于个人的智慧,因此伟大的小说总是比它们的作者聪明一些。那些比他们的作品更聪明的小说家应该改行。""失去对真理的确信以及与他人的一致的情况下,人才成为个体。小说是个体的想象天堂。在这一领地中,没有任何一个人掌握真理,既非安娜,也非卡列宁,但所有人都有被理解的权利,不管是安娜,还是卡列宁。"[1]文学经典的创作与阅读,都应当适度保持与道德的距离感,而去尽量贴近人性。

譬如跟学生一起读奈保尔的《米格尔街》中的《没有名字的东西》。主人公波普自称是个木匠,但他从来没有做过一件像样的东西,他总是做那种没有名字的、没什么用处的东西,没有能力养家。起初他过着悠闲自在、诗意栖居的生活;但后来妻子背叛了他,与人私奔;他去寻找妻子,妻子却不跟他回来,他便打伤了情敌;然后他就做了人生中最"宏大"的一件事——偷盗,偷了好多东西回来,把家里装饰一新,然后妻子就真的回来跟他过好日子了;后来东窗事发,他被捕入狱,妻子经年独守;最后他脱胎换骨,由起初"我"眼中的"诗人",变成了一个名副其实的木匠,他开始做那些有用的东西、有名字的东西——莫利斯式椅子、桌子和衣橱。

学生说,最终改变波普的是爱情的力量。因为在波普坐牢期间,他的妻子没有改嫁,也没有再去找那个园丁,她"再没离开米格尔街","不仅继续干着厨娘的活儿,还开始帮人熨洗衣服"。是什么让她愿意为他坚守呢?学生说:因为她看到波普为了挽回她,尽了自己的一切所能,甚至还超出了自己的

---

[1] 米兰·昆德拉:《小说的艺术》,董强译,上海译文出版社,2013年,第198—200页。

能力范围以外,所以她也愿意尽自己的一切所能来守候。

波普最后的改变,是一种壮士断腕的决心。他的改变经历了几个阶段,前面两个阶段都是"伪"改变——暴力(酗酒打人,自暴自弃)与偷盗(偷来财富,骗妻回家),到最后才是真正的改变——牺牲自己的天性与自由,为爱情献祭。

波普最终变成了一个专心于"正经事"的好人,并不是因为道德的原因,也不是因为时代和社会的原因,命运是什么呢?我总结了一句话:"最在乎的人 + 自己 = 命运。"

四、对文化的理解度

产生于不同地域的文学经典,有其不同的文化背景。要真正理解这些经典,还必须对其背景文化有充分的理解,否则,戴着中国人的有色眼镜去看西方的文化与文明,就很容易发生误解甚至闹笑话。如是,再好的经典,对我们而言也无异于对牛弹琴。

譬如我曾经在唐山开滦一中的三省三校同课异构中讲过一节课:帕乌斯托夫斯基的《金玫瑰》中的《珍贵的尘土》。在我讲之前,有三位老师讲过了。遗憾的是我没能去听课。下午我讲完课,很多老师来跟我交流,说我这节课对学生的一生都有用,很多其他科目(地理、英语、数学、心理学等)的老师甚至教务处的教务员也到现场听了课,他们说我解决了他们心中很多的疑问,上午学生提出来而三位老师都没敢接球的问题,我的课全部作出了回答。

这里只谈两个问题:

第一,老银匠所说的"凡是生所没有给予的,死都会带来"究竟如何理解?

备课时我就知道此处会是学生理解的难点。我是以让大家为夏米拟写墓志铭的方式来带出这个问题的。我说:如果要给夏米拟写一则墓志铭,课文中有没有现成的句子?一个学生秒速挑出了这个句子。我顺势问大家是否理解这个句子。讨论之后，我用一则希腊神话作出解答：米达斯王在树林中抓住了酒神仆人西勒诺斯，逼他说出对人最好的是什么。西勒诺斯嘲笑说：可怜的浮生啊，对你最好的东西是你永远得不到的，那就是不要出生。不过还有其次好的，就是立刻死掉。

人活着就会有欲望，欲望无法实现就会痛苦，生所不能给予的平安与幸福，死能够带来：摆脱了皮囊的囚笼，结束了欲望的辖制。

第二，夏米对苏珊娜的感情，究竟有没有忘年恋的成分？

据说有些老师在讲这一课时，把夏米与白芳礼、刘盛兰进行类比，我认为离题万里。夏米不是活雷锋，他对苏珊娜的感情不是出于慈善，甚至不仅仅是出于责任。为什么我们不敢面对夏米内心深处的真情？不是我们不懂，而是我们不敢。我们觉得这样的感情违背伦理，我们以中国的道德观念来衡量夏米，出于一种"为尊者讳""为贤者隐"的"善良"，我们对他的真情视而不见，我们帮助他伪装得高大全。我们擅自对人物作了扁平化、概念化的处理。我们习惯于树立"道德标兵"的伟大形象，希望他的"私德"无可挑剔，为此我们常常不惜阉割人性。

中国人的眼睛和思想有太多的遮蔽，智慧能给予人勇气，勇气反过来也会为智慧护航。只有智勇双全的人，才有能力守护这个世界的纯真。

我带领学生联系《悲惨世界》中冉阿让对珂赛特的"爱"来理解夏米对苏珊娜的"爱"，并联读纪伯伦的诗歌《论爱》中的句子："爱除自身外无施与，除自身外无接受 / 爱不占有也不被占有 / 因为爱在爱中满足了"。冉阿让对珂赛特，夏米对苏珊娜，都是如此。爱，牺牲，不计代价的成全，不求回报的满足。爱，使人生值得一过。冉阿让，夏米，他们都在爱中度过了一生，一切欢乐都在爱中得到了谢恩，一切痛苦都在爱中得到了抚慰……

这两个问题的解答，都需要对西方文化有较充分的理解。

五、对时代的超越性

文学经典对时代的超越性主要源于两个方面：

第一，人性固有的永恒性。

梁实秋在《文艺批评论》中说："一千年前的文学作品，到一千年后，一样的可以激动人的同情，中国的文学作品可以令欧洲人一样的赏识，这便是一个绝大的铁证，证明文学价值之所以如此普遍固定，是由于文学的根本质素在空间上在时间上都是一成不变的，换言之，人的根本情感不变，人性不变。所以伟大的文学家之所以伟大，就在于他能体会，能把捉到人生经验中之最根本的那一点。"

这是文学经典对时代的超越性的"本能化"前提，是作家忠于本真、顺应天性就能实现的。

第二，创作追求的超越性。

米兰·昆德拉说："终极悖论时期要求小说家不再将时间问题局限在普鲁斯特式的个人回忆问题上，而是将它扩展为一种集体时间之谜，一种欧洲的时间，让欧洲回顾它的过去，进行总结，抓住它的历史，就像一位老人一眼就看全自己经历的一生。所以要超越个体生活的时间限制（小说以前一直囿于其中），在它的空间中，引入多个历史时期。"[1]

这是文学经典对时代的超越性的"人为化"前提，需要在创作过程中努力追求、着意经营才能实现。

无论是出于"本能"还是出于"人为"，文学经典作品最终表现出来的特征之一就是具有"对时代的超越性"。真正的经典不只是属于某一个时代、某一群人，它属于所有的时代，属于全人类。文学经典中蕴含的情感与思想往往超越时空，甚至历久弥新。

《雷雨》是文学经典，也是语文教材的必选篇目，然而长久以来，我们

---

[1] 米兰·昆德拉：《小说的艺术》，董强译，上海译文出版社，2013年，第21页。

未必真正读懂了它的好。王蒙在《永远的〈雷雨〉》中曾说:"《雷雨》是猛批了资产阶级的,比《子夜》揭露更狠。"然而曹禺自己在《〈雷雨〉序》中说,他是怀着一种悲悯的心情在写,而不是批判。他说人们以为可以主宰自己的命运,踌躇满志地来到人间,而实际上,每个人都在被命运捉弄,所以他也期待观众能够以怜悯的心俯视这些在火坑里打着昏迷的滚的人。18岁的时候,他用一首诗《不久长,不久长》(原载《南开双周》第1卷第2期,1928年3月28日)表达过他对生命意义的追问。其实这种追问在《雷雨》的序幕和尾声里面已经有了隐约的答案。序幕和尾声都以教堂为背景,有修女,有唱诗班的合唱。教堂的这种场景就是在带领着读者和观众在经历了一场人生的大雷雨之后,向一个神圣的力量靠近。所以尽管《雷雨》篇幅很长,但他一直不舍得删去序幕和尾声。我想,序幕和尾声的意义,不仅是创作艺术上的一种审美距离,更是作者对生命终极意义的一种思考,一个暗示人生答案的镜头。对人生终极问题的思考,正是《雷雨》对时代的超越性。

王开岭老师在评点我的《雷雨》课堂时说:"长期以来,对《雷雨》的主流解读,基本是以人物身份的社会性为工具,既当起点,又当归宿,既当世界观,又当方法论。《雷雨》是文学的,是追求人性的复杂和诡异的,它刻画了爱情自身的困境、欲望的杂芜和荒诞,以及'选择'的艰难,应该说,这样的人之'挣扎'可以发生在任何一个年代,它是永恒的,它和大社会概念没有隶属与因果关系,与政治或国家也无必然关系,《雷雨》的创作元素在莎士比亚戏剧中比比皆是,总之,它无法完成对社会的起诉,它只能起诉人性本身。另外,在我个人看来,《雷雨》甚至有宿命论和悲观主义哲学的意味,因为作者试图把所有的东西都毁灭掉,这也是戏剧的古典精神和永恒的时尚。读熊芳芳老师的课堂实录,我感到了一缕清新之风,因为她沿着人性的方向行走,从而和作者站在了同一个起点上,把文学还给了文学,她关注的是'人'本身的问题,是对人性本身的拷问,是对'存在'的尝试性挖掘和对'意义'的触碰。文学阅读的意义在于给读者的经验和精神创造空间,进而生长出他们自己的东西来,在阅读结论上,任何权威都是可疑的,包括作者本人。因为作品一经诞生，就有了自己的能量和独立性。"

六、对现实的干预性

我在拙著《语文：生命的，文学的，美学的》中说过，文学的本质功能不是解决，而是理解。正如莫言所说："小说并不负责帮助农民解决卖粮难的问题，更不能解决工人失业。"但这并不意味着文学经典对现实无意义、无效用或者无能为力。文学经典是以其独特的性质和方式对现实进行干预的。

仍旧以帕乌斯托夫斯基的《珍贵的尘土》为例。在我上课之前，老师们心中有一个疑问，并且有过反复争论：这篇文章在故事之后讲到文学创作，那么教师在处理这个文本的时候，究竟应该以什么为重点？是故事，还是文学创作的相关知识和规律？

我在并不了解老师们有此疑问的情况下，用我的课堂给了他们回答。

首先，帕乌斯托夫斯基本人是把《金玫瑰》称作中篇小说的。

其次，刘小枫在《这一代人的怕和爱》中说：

巴乌斯托夫斯基在谈到蒲宁的一篇小说时这样写道："它不是小说，而是启迪，是充满了怕和爱的生活本身。"这不也是整部《金玫瑰》的写照吗？《金玫瑰》不是创作经验谈，而是生活的启迪，是充满了怕和爱的生活本身。如果把这部书当作创作谈来看待，那就等于抹去了整部书跪下来亲吻的踉跄足迹，忽视了其中饱含着的隐秘泪水。

文章前面的文字是在讲故事，到末尾部分就联系故事在谈创作。

从讲故事到谈创作，我是以这样一个问题进行过渡的：

为什么是"金玫瑰"而不是"金项链"？

夏米的金玫瑰，价值不在于其质地的"金"，而在于他祝福的"心"。

"金玫瑰"不是一个值钱的金首饰，只是一个寄寓情感和祝福的载体。

如果将"金玫瑰"换成"铁玫瑰",意义也是一样的。作者帕乌斯托夫斯基的文集《金玫瑰》,最初是想以《铁玫瑰》为名的,这一书名取之于乌克兰流浪歌手奥斯塔勃的经历。这位歌手曾用铁打了一朵玫瑰花。后来卫国战争爆发,帕乌斯托夫斯基的写作刚刚开始就被迫中断,直到20世纪五十年代,他才重新开始这本书的写作。其时关于铁玫瑰的故事,他已写进了自传体小说《一生的故事》,于是他调整了原先的写作计划,将此书易名为《金玫瑰》。

所以,"金玫瑰"不是一个物质财富的存在,而是一种深挚祝福的载体。它的意义不在于能给苏珊娜带来物质的"好处",就像夏米在文中所说的:"我心地善良管什么用,又不能给别人带来一点儿好处。""金玫瑰"就是夏米的一颗如同足赤之金的心。它是一种祈祷的姿势,一种祝福的心情,一种守望的决心,一种鼓励的愿力。

这就像是文学。文学的价值也不是物质财富的存在,而是一种心灵的财富。正如莫言所说:"文学最大的用处,也许就是它没有用处。"

夏米打造金玫瑰,跟文学家创作文学的相似之处在于:

(1)性质特征:其成果都是"没有用处"的,金玫瑰和文学作品一样,它们都不是物质财富的存在。

(2)目的情怀:打造金玫瑰的夏米和创作文学作品的文学家一样,都把祝福别人当作自己的使命。

(3)过程方法:土里淘金,日积月累。帕乌斯托夫斯基说过:"大地就是一座宝库,里面保藏着许多像这些星星的金色睫毛一样的宝物。我相信,生活为我们准备了许多迷人的事物、会见、爱情和悲哀,欢乐和动荡。"

(4)结果作用:夏米和文学家一样,不是占有者,而是守望者。他们的作品,能够祝福人生,美化大地,鼓舞力量,开阔心灵,照亮世界,提纯自己。

这就是文学经典对现实的独特干预方式。

七、对主题的包容度

博尔赫斯说:"我从未尝试过什么主题,我从未寻找过什么主题。我让主题来寻找我,然后走上大街,或者在我家里,一个盲人的小小的家里,我从一个房间踱到另一个房间,我感到有什么东西要到来,也许是一行诗,也许是某种文学形式。我们可以用岛屿来打个比方。我看到岛屿的两端,这两端就是一首诗、一篇寓言的开头和结尾。仅此而已。而我不得不创造、制造两端之间的东西。这得由我来做。"文学经典的主题,往往是多元包容的,有的甚至是模糊的、不断生成的。所以对于文学经典的审美,必须在主题理解方面有一定的包容度。

仍以奈保尔的《没有名字的东西》为例。在课堂上我问学生:小说中哈特那帮人认为改变后的波普是"英雄""好汉",觉得他"比我们都强";"我"却因为失去一个"诗人"而"伤心"。那么波普最终的改变究竟是好还是不好?

有学生认为这样的改变失去了自我,也会有痛苦和失落;觉得为别人而作的改变很难真正持久,也很难真正快乐。

那么作者又是怎么看的呢?奈保尔在他的《大河湾》的一开篇就写下这样一句话:"世界如其所是。人微不足道,人听任自己微不足道,人在这世界上没有位置。"同样在这篇作品中,他还说过:"无论时运好坏,我们都清楚自己是可以牺牲的,我们的辛劳随时可能付诸东流,我们随时可能被击得粉碎。"这两句话,可以帮助学生理解作家内心深刻的悲悯和犀利的真诚。

人只要来到了这个世界,人被这个世界破坏就是必然的。世界按照它自己的样子和步伐向前行走,是我们无法阻挡的。所以,不光是波普变了,"我"自己最后也变了。之前的"我",看谁,看什么事,都觉得很有意思,甚至会因为羡慕而去效仿他们,但后来的"我"也变得习惯于以挑剔的眼光去看世界,也变得跟众人一样。所以每一个人在生活之流中,都必然会失去一些东西,然而正如三毛的一句话:"岁月极美,在于它必然的流逝。"

波普的改变到底是好还是坏，我们真的很难说清。生活就是如此，小说就是一面镜子，它把生活复杂的真相呈现给我们看。它不是道德教材，不是政治课本，它不告诉我们明确的好坏，它只给我们一些感慨。正如米兰·昆德拉所说："小说的精神是复杂性。每部小说都在告诉读者：'事情要比你想象的复杂。'这是小说永恒的真理。""任何时代的所有小说都关注自我之谜"，"对自我的探究总是而且必将以悖论式的不满足而告终"，"小说……是对于陷入尘世陷阱的人生的探索"。

就好像波普为妻子而作的改变，真的很令我们感动，但是这种改变是否真的有价值，是否能够持久，是谜，是自我之谜。我们习惯于对人和事物作出是非好坏的准确判断，事实上，对于文学作品来说，往往"不准确"才是真正的"准确"；小说主题的多元，由生活本身的复杂性决定。好的小说总会义无反顾地去呈现生活的真相。它不愿意下结论，也不可能下结论。

第10讲

日常生活审美

  日常生活不可能是完美的，这是一个真相。日常生活并不需要完美，这是另一个真相。无瑕的完美也可能让人感觉乏味无聊，或者时间久了总会产生审美疲劳甚至令人烦躁窒息——人性的本质喜欢"变化不居"，憎厌一成不变。譬如，我们饕餮了满汉全席之后，会转而向往那些最简朴的菜肴，我们精致优雅地讲究够了食物的形色香味之后，居然会对看起来又"丑"又"脏"的脏脏包感兴趣。央视总部大楼的设计者、建筑师雷姆·库哈斯就认定丑比美更有趣（虽然他并不曾定义过丑或者美，或者可以说人们所认为的美丑本是外在的主流标准，在他自己那里，能让他喜欢的事物本身大约已经不能称为"丑"了），这位不时兴风作浪的荷兰建筑师对"丑"（异于常人的认知）的事物始终兴致勃勃，他曾对评论家埃德温·希斯科特提及，他在餐馆里也喜欢吃"丑食物"。无独有偶，一向以离经叛道著称的英国戏剧评论家肯尼斯·泰南也曾对自己发出一条简短的号令："去挑动怒气，去用狼牙棒戳打刺杀，去撕扯攻击，去兴风作浪！"由此可见，关于何谓美何谓丑，唯一可以确定的就是，衡量的标准总是因人而异，并且处于不断变化之中。譬如唐代以胖为美，现代女性则无论胖瘦都口口声声要减肥。这就使得日常生活审美成了一个悖论：日常生活审美是否真的必需，又如何成为可能？

一、日常生活审美之必需

一直有个宏愿：想给"美"下个定义，或者给出一个可以通用的衡量标准（这个愿望看起来当然非常不自量力）。什么是"美"，至今没有定论。两千多年前，柏拉图借苏格拉底的名义发出慨叹："美是难的。"阿尔贝·加缪也说："（美）把我们驱向绝望，让我们看到其惊鸿一瞥的永恒，我们为此就要一辈子去苦苦追寻。"

"美学之父"、德国启蒙学者鲍姆嘉通《美学》一书的出版，标志着美学的诞生，这本书开篇第一句就给了美学一个定位："美学是感性认识的科学。……每种认识类型的完善，是由认识的丰富、伟大、真实、清晰、可信性和生动的激荡产生的。"

人类对于审美，固然会日渐形成甚或天然赋予一种心理结构（或曰图式），这种心理结构（或曰图式）就是关于"美"的标准。但问题是，每个人的图式不一样（譬如日常生活中不同人口味不同，有的爱吃肉，有的爱吃素），甚至同一个人不同时期的审美倾向都会有差异（譬如很多女人在怀孕前后口味大变），日常生活中的"美丑"，到底有没有一种可以古今中外通用的衡量标准？

我想，能够触动心灵、激活生命感受力的，就是美。反之，则为丑。

一切能够触动我们心灵的（无论是喜是悲），能够激活我们的生命感受力（让我们的生命感官不再麻木而变得生动激荡）的，就是美的。反之，那些让我们无动于衷、疲劳麻木、无聊厌倦的，就是丑的。

"美学"是鲍姆嘉通所说的"感觉学""感知学"或"感性学"，也就是

"关于感性知觉的科学"。而感觉与生命直接相连，它直接呈现为生命的状态——是神采奕奕的还是灰头土脸的，是朝气蓬勃的还是暮气横秋的，是踌躇满志的还是畏首畏尾的——生命状态直接由感觉来决定（尽管有些人可以把感觉隐藏起来）。并且最可怕的是，感觉从来都不是一成不变的，它是变化不居的。就好像女人们总觉得自己的衣柜里少了一件衣服，无论她去年买了多少漂亮衣服，甚至一个小时前刚刚买下的衣服，此刻却变得不喜欢了，直接压箱底或者送闺蜜。衣服还是那件衣服，这衣服到底是"美"还是"丑"呢？撇开道德公约之类（只要她没违背法律和道德），日常生活中"美"的感觉是非常私人化的（它不同于文学艺术的审美，文学艺术的审美是有美学规律可循的），纯属"个人感觉"，任何人认为这件衣服"美"都是无效的，只有她自己的感觉才能让她接受。可是她一个小时前付款的时候是觉得这衣服是"美"的，现在又觉得"丑"了，那么这衣服到底是"美"还是"丑"？衡量的标准在哪里？很简单，当这件衣服触动了她的心，激活了她的生命感受力，让她兴奋雀跃、生气激荡的时候，这件衣服就是"美"的——因为它提升了她的生命状态；一个小时后，面对这件衣服，她整个人愁眉苦脸，懊悔不迭，自怨自艾，似乎对整个人生都失去了兴趣，那么此刻，这件衣服就是"丑"的——因为它拉低了她的生命状态。当然，如果一件衣服在最初让她连购买欲都没有，甚至她根本都没注意到它，那么，这件衣服当然就更算不上"美"了——它平庸到无法激活她的感官，让人麻木无感，视若不见。当然，最"丑"的衣服有可能因为它的丑陋古怪而引起她的注意，但那不是"激活"，而是"刺激"，感官虽然不再麻木了，但它让人避之唯恐不及，也无法触动心灵——顶多就是刺激到了我们的小心脏而已。

日常生活中我们常常会追剧看电影，喜剧让我们欢笑，悲剧带给我们洗礼，正剧引发我们的思考，只要能够触动我们的心灵、激活我们的生命感受力，就是"美"的电影。相反，如果你竟然在电影院里睡着了，或者看完了什么感触都没有，心中没有一丝波澜，甚至觉得浪费了时间，那就是"丑"的电影——在日常生活中，"美丑"纯属你的个人感受，别人感受到的"美丑"

与你没有丝毫关系。

这样说来，日常生活审美对于我们的重要性就不言自明了。尽管"美丑"的标准不会一成不变（这只会带给我们学术思考方面的困扰，在实际生活中"变动不居"反而能带来兴奋快乐），但是，在日常生活中，我们需要丰富的审美感受带给我们良好的生命状态（譬如换件不同风格的衣服、重新布置家里的环境、旅行看世界、亲近大自然），让我们活得生气激荡、丰富多彩。对于日常生活审美之必需，尼采也曾大声疾呼："只有作为审美现象，生存和世界才是永远有充分理由的。""它乃是使生命成为可能的壮举，是生命的诱惑者，是生命的伟大兴奋剂。"如果日常生活缺失了审美，或者说如果我们不善于把日常生活转化为审美现象，我们的生存世界就会变成一地鸡毛，令人厌倦麻木，毫无生机动力。

二、日常生活审美之可能

日常生活审美如何成为可能，日常生活怎样才能转化为审美现象呢？我所说的"转化"，丹托称之为"变容"：将日常事物"变容"为艺术作品。借用丹托的"变容"，我们来谈谈日常生活审美的三种可能。

1. 归于本真——态度变容

生活的本真就是本真的生活，就是现实生活原发的、生气勃勃的原初状态，就是按照"美的规律"来塑造的生活状态。老子的"见素抱朴"，就是主张归于本真，守其纯朴。因为本真的生活原本就是合乎自然法则的审美对象。庄子说："真者，所以受于天也，自然不可易也。故圣人法天贵真，不拘于俗。"（《庄子·渔父》）显然，庄子主张万物当顺其本性，保持本然之态，这便是最美的素朴状态。并且，庄子断言"素朴而天下莫能与之争美"（《庄子·天道》）。

作为原发状态的本真生活，主体与客体不是彼此割裂的，反而呈现为一种浑然自足的"民胞物与"的完美状态。但是，为什么我们在日常生活中常常感到厌倦麻木，甚至不堪重负、不胜其苦呢？

因为我们在日常生活中被各种角色遮蔽，被各种目的误导，失去了本真。日复一日的劳动，被当成了谋生的手段，而不是创造美的享受。我们原发的本真生活被异化，"失足"于现实功利的深渊。

根据审美态度理论，只要有了"无利害"的态度，我们就可以将任何事物转化为审美对象，并从中获得审美享受，由此，日常生活和自然万物均获得了进入审美世界的契机。20世纪初，布洛提出了心理距离理论，他认为只要欣赏者与其欣赏对象保持适当的心理距离，就可以将任何事物转化为审美对象，日常生活中的事物也不例外。也就是说，一个事物能否成为审美对象，并不在于这一事物具有怎样的审美特征，而在于主体采取怎样的欣赏态度。"无利害"的态度或者适当的心理距离，可谓"美的点金术"。这就是态度变容。

迷途的人们只要能够转变态度，以"无利害"的态度来看待日常生活，学会发现本真生活的美，享受生命中的一切事物，日常生活的审美就会成为可能。

2. 悦于外物——观念变容

日常生活审美的第二种可能，就是悦于外物。此处的"外物"，是指包括大自然在内的我们生活环境中的一切事物。

艾伦·卡尔松认为"全部自然皆美"，"就本质而言，一切自然物在审美上都是有价值的"（他认为"环境美学"就是"日常生活的美学"），还有海德格尔所说的"诗意的栖居"，都在强调人与自然的和谐："通过身体与处所（place）的相互渗透我们成为了环境的一部分，环境经验使用了整个的人类感觉系统。因而，我们不仅仅是'看到'我们的活生生的世界：我们步入其中，与之共同活动，对之产生反应。"[1] 也就是说，当一个人置身于美妙的大自然中，其视觉、听觉、嗅觉、触觉等感官全面开启，与大自然互动，这是一种全方

1　阿诺德·伯林特：《环境与艺术：环境美学的多维视角》，刘悦笛等译，重庆出版社，2007年，第10页。

位的审美，人在大自然当中并非"顶天立地"，而是"人与天地参"，是顺应自然，并融入自然，与天地万物浑然一体。

至于被人类的工业文明异化了的环境，以及破坏了的自然事物，我们又要如何将它们转化为审美对象呢？这就需要观念变容。

20世纪后半期，观念变容在美学中盛行一时，其中以丹托的构想最为典型。根据丹托的构想，任何事物，包括日常生活中的物品，都可以通过赋予观念而转变为艺术作品。丹托自己最欣赏的例子是沃霍尔的《布瑞洛盒子》和杜尚的《泉》。《布瑞洛盒子》实际上就是肥皂块的包装箱，《泉》实际上就是小便池。它们之所以成为艺术作品不是因为它们本身的特征，而是因为沃霍尔和杜尚赋予它们的观念。根据丹托的构想，某一事物成为艺术作品的关键，不在于该事物具有怎样的特征，而在于该事物周围是否有一种理论氛围，在于该事物在艺术界中是否有自己的位置。两个完全一样的东西，一个是艺术作品，另一个不是，原因在于前者有理论氛围的环绕，身处艺术界之中，而另一个则没有。这里的理论氛围或者艺术界，就是理论或者观念。正是在这种意义上，人们将丹托的构想简称为观念变容。

这类似于行为艺术。日常生活中的平凡举动，一旦放到艺术的平台上，就变成了艺术作品，成了审美对象。譬如2016年7月26日至31日在成都举行的"重要的不是身体——九天多媒体现场艺术季"活动中，艺术家何利平身穿泳裤扛着沙袋出现在连日高温的沙湾路口，他将一袋沙倾倒在街沿，然后躺在沙上，手举一杯橙汁，仿佛身处马尔代夫的阳光沙滩。此举迅速引爆了网络，网友的金句"只要心中有沙，哪儿都是马尔代夫"成为这一作品的名字，网络上很快就开始流行起各种"心中有沙"体。

通过观念变容，我们几乎可以将一切客观事物变成审美对象，从而使"悦于外物"成为可能。譬如德国的摄影师贝恩德·贝歇尔和妻子一起几年如一日地用影像记录德国"二战"后的残痕遗迹，他们忠实地拍摄一个陈旧落寞、锈蚀斑驳的世界，大众视为丑陋的事物，贝歇尔夫妇却执意将它们置于艺术的平台，将衰败平庸化为怀旧的诗意。无独有偶，纽约斯塔岛上的清水溪垃圾填埋场曾经是世界上最大的垃圾场,作者布莱恩·海斯却在其大作《基础设施》中如是描述:"上前靠近去看,吸引目光的是那些在阳光下闪烁或在风中摆动的东西……我最多注意到各种磁带,既有窄窄的录音带,也有宽一点的录像带。这些磁带缠绕附着在垃圾场所有的东西上,被风吹起,舞动在垃圾堆上方,点缀着场边的围栏,就像圣诞树上的金银色箔片丝缕……如果拿葡萄酒来打比方,我的描述就应该是,浓郁的古怪果香、酸腐、带有草的味道、有点熟过了头。"在他的文字里,透露出一种哀婉悲歌的诗意氛围,他居然在垃圾场里发现了美。

3. 达于自由——技术变容

日常生活就其本真状态而言是一种自由的活动、全面的活动,最终都指向人的全面自由的发展。这种生活本身,就是一种按照"美的规律"而进行的生活。人们既要在日常生活中归于本真,从而获得心灵的自由,又要在其中发展自我,从而获得物质的自由。

日常生活不应当是周而复始吃喝拉撒等待日升日落,而应当"似春起之苗,不见其增,日有所长"。仅仅从精神上超脱俗世,从而获得心灵自由者,在现实中仍会有诸多受限。在自我发展上永不止步,不仅懂得"为道日损",更能做到"为学日益"者,方能得大自由。

现代技术的进步使得日常生活从根本上变得柔软可塑,美学得以从精英层的象牙塔中解放出来,成为关注广大日常生活领域的生活美学。

"登高而招,臂非加长也,而见者远;顺风而呼,声非加疾也,而闻者彰。假舆马者,非利足也,而致千里;假舟楫者,非能水也,而绝江河。君子生非异也,善假于物也。"现代人正当借助技术变容而让自己能够达于自由。譬如"十佳少年"评选、"朗读者"大赛、诗词大会等等,何不利用现代技术在审美方面下点功夫,从而为自己加分?譬如制作一个富有创意的小视频,全面展示自己的美好形象。

2006年,在《美国经济评论》杂志上,经济学家莫比乌斯与罗森布拉特联名发表了一篇题为《美为何要紧?》的文章。他们说,在职场中有着一种

"美貌溢价"。有人设计过一个实验,参与的职员被要求去解决一个有关迷宫的问题——这一任务需要的只是智力与知识运用能力。不过,结果很快表明,雇主还是更偏爱美貌的人。

莫比乌斯与罗森布拉特指出,"美貌溢价"发生作用的途径有三种:(1)美貌的员工更自信,这就有一种自我实现的效应:更强的自信让其人际魅力加倍提升。(2)技能水平相等的情况下,美貌的员工会得到更高的评价。(3)自信心程度相似的前提下,美貌的员工在交谈和礼仪态度方面的人际沟通经常会带来更高的薪资——通常是多得到10%。

难怪女人们除了要美衣、美发、美甲,还要美容美体甚至不惜对自己"动刀动枪"。不过我们发现,以上分析所指向的核心,其实并不仅仅是外表的美丽,更根本的还是内在的自信。如果容貌体形可以借助技术变容进行审美设计,那么我们同样可以对"灵魂心智"进行审美设计。

三、日常生活审美之方法

如何对自己的"灵魂心智"进行审美设计呢?下面就是具体的方法,也是日常生活审美之方法。

1. 挖掘日常生活的诗意元素

要挖掘日常生活中的诗意元素,首先需要我们有一颗诗心。张潮说:"所谓美人……以诗词为心。"中间部分必须省略掉,因为一般人做不到。但"以诗词为心",一般人稍加修炼就可以做到。

茨威格说:"自从我们的世界外表上变得越来越单调,生活变得越来越机械的时候起,就应当在灵魂深处发掘截然相反的东西。"

诗心是灵魂深处的风景。

从平庸的日常生活中挖掘诗意元素,可以用音乐来陶冶性情。苏霍姆林斯基说:"有这样一种人的品质——细腻和富有感情的天性。这种天性表现在环境能使他的感受能力更加敏锐。天性细腻和富有感情的人不会忘记别人的悲伤、痛苦和不幸；良知要求他去给予援助。音乐和歌曲能培育这种品质。"可以用行走来扩张疆域：身体和灵魂，总有一个要在路上。可以投身公益：温暖远方，照亮自己。可以运动健身：每天锻炼一小时，健康工作五十年，快乐生活一辈子。可以和好友一起悠闲地喝杯咖啡：萨特说"他人就是地狱"，但我想说"交往是美丽的"。可以欣赏或者学习艺术：绘画、书法、摄影、乐器……也可以静静地打开一本书，因为："没有一艘船／能像一本书／也没有一匹马／能像一页跳动的诗行一样／把人带向远方／静静地打开一本书吧／／阅读这条路／最穷的人也能走／不必为通行税伤神／静静地打开一本书吧／这是何等节俭的车／承载着人的灵魂"……

2. 积累日常生活的新奇经验

见过一个心理学名词"不感症"："这种感官的异常迟钝，这种心理性的'不感症'，不仅使人失去自己曾经有过的敏感和激情，使人的生活变得异常贫乏、单调和枯燥，而且更使人与人之间、人与世界之间、人与物之间日益疏远、日益隔膜起来，他人成为一堵墙，人变得越来越孤独，越来越绝望。"[1]

可见，对事物麻木无感就是生命力下降乃至消失的标志。美，是激活和拯救生命力的灵丹妙药。同时，也只有能够触动心灵、激活生命感受力的，才是美的。反之，则丑。日常生活审美，需要积累日常生活的新奇经验，激活我们的生命感受力，让我们的心灵和感官不再麻木。

黑格尔认为，人在两种情况下没有惊奇感：一种情况是当人"还是处在蒙昧状态"；另一种情况是当人"已把全部客观世界都看得一目了然"。也就是说，处于完全的蒙昧状态，对外部世界和心灵世界没有感知能力，就不会有惊奇感；处于对对象的完全掌控状态之中，无所不知（或者自认为无所不知），也不会有惊奇感。黑格尔说："只有当人已摆脱了原始的直接和自然联系在一起的生活以及对迫切需要的事物的欲念，他才能在精神上跳出自然和他自己的个体存在的框子，而在客观事物里只寻求和发现普遍的，如其本然的、永

---

[1] 樊美筠：《中国传统美学的当代阐释》，中国社会科学出版社，1997年，第20页。

住的东西；只有到了这个时候，惊奇感才会发生，人才为自然事物所撼动，这些事物既是他的另一体，又是为他而存在的，他要在这些事物里重新发现他自己，发现思想和理性。这时，人一方面还没有把对一种更高境界的预感和对客观事物的意识割裂开来，而另一方面自然事物和精神之间毕竟有一种矛盾，使客观事物对人既有吸引力，又有抗拒力。正是在克服这种矛盾的努力中所获得的对矛盾的认识才产生了惊奇感。"黑格尔所说的"惊奇感"，也就是我所说的日常生活的新奇经验，当我们在日常生活中不断处理新的矛盾，解决新的问题，并在过程中重新认识世界也重新认识自我的时候，会感受到一种新奇的体验和一种心灵的震撼。

罗曼·罗兰在《约翰·克里斯托夫》中说："大半的人在20岁或30岁上就死了：一过这个年龄，他们只变了自己的影子，以后的生命不过是用来模仿自己，把以前真正有人味儿的时代所说、所做、所想、所喜欢的，一天天地重复，而且重复的方式越来越机械，越来越脱腔走板。"

日常生活的可怕性就在于周而复始，机械重复。如果能够不断积累新奇经验，就能够让日常生活具有审美价值，让每一天都不一样，让每一天的自己都不一样。正如钱穆所说："我一天的生命，便是一天的我。理想的一天的我，应该和天天的我有其同一处，同时又有其相异处。前者表示其人格之坚强与鲜明，后者表示其生命之活泼与动进。……孔子、释迦和耶稣……他们的日常生活，他们的全生命之内心历程，也只是永是那样，而又永不是那样。"

一切伟大的人格，都会对这个世界永葆新鲜感和好奇心。就像弗洛伊德一样，当时患有神经衰弱和癔症的病人可怜地在医生之间来回奔波，常常导致治疗师的束手无策和不耐烦，而他却对这些人充满着仁慈的兴趣，并对这些病例感到好奇，他鼓励病人讲述其生活和家庭，并耐心倾听他们的故事。

3. 丰富日常生活的创造活动

教育要关注人性的本质需要："每个人都有积极的、奋发向上的、自我实现的需要和成长的潜力。"（罗杰斯语）在罗杰斯看来，个人的自我概念一旦形成，就会产生被关怀、被肯定的需要。只要能够给予学生积极的关注，就会促进他们产生自我导向的行为，并最终成为自我实现的人。

荣格说："我常看见，人若满足于对生活问题回应欠佳或错误，则神经过敏，他们寻求地位、婚姻、名望、外在成功与金钱，即使得其所求，依旧不幸、神经兮兮，此类人多半思想狭隘，生活内涵不足，毫无意义。他们若能更加全面发展，神经症多半也不药而愈。所以，对我而言，发展的观念一开始就具有至高无上的意义。"

对于这一点我有深切体会。在我 29 年的教育生涯中偶尔也会遇到一些比较自闭的学生。譬如一个性格孤僻甚至有点自闭的女孩，有一次我发现她的文笔特别好，于是我把她的文章打印出来，配上精美的文艺图片和动人的背景音乐，制作成漂亮的 PPT，在全班朗读并讲评，她之后的作文几乎篇篇都令我惊艳，我帮她打印投稿，她的文章陆续在许多杂志上公开发表。写作方面的自我发展和自我实现，让她充满了自信和快乐，性格也越来越阳光了，后来考上了上海理工大学。

以审美的方式鼓励学生进行美的创造，我们终将收获满满。在我们的日常生活中，黑板报的图文讲究审美，教室内的标语墙贴、书柜绿植讲究审美，班服班歌讲究审美，学生课前三分钟演讲制作的 PPT 讲究审美，春游摄影讲究审美，运动会入场式表演和毕业照当然更讲究审美……丰富学生在日常生活中的创造活动，能带领他们美美地走向美好的未来。

第11讲 社会生活审美

马克思曾指出:"人是一切社会关系的总和。"个体不可能脱离社会而存在。要追求社会生活的和谐美好,就必须探讨社会生活审美。

社会生活审美和文学艺术审美是不一样的(前者注重"善",后者注重"美"),社会生活审美和日常生活审美也不一样(前者注重"关系"且有普世价值标准,后者个体多元并存且没有普世价值标准)。

在艺术领域有审美价值的,在社会生活领域有可能被视为"丑",因为社会生活领域的"美",必须以"善"为前提。譬如那幅名为《饥饿的苏丹》的新闻照片,一只秃鹫虎视眈眈觊觎一个快要饿死的苏丹女童,南非的自由摄影记者凯文·卡特按下快门,然后赶走秃鹫,看着小女孩离去。这张照片获得了美国新闻界最高奖普利策"新闻特写摄影奖",《纽约时报》首家刊登了这幅照片,引起强烈反响,成千上万的人打电话给《纽约时报》,询问小女孩最后是否得救。而与此同时,人们纷纷谴责卡特太残忍,质问他身在现场为何不救那个小女孩一把。普利策颁奖仪式结束三个月后,凯文·卡特自杀身亡。这张照片从艺术审美的角度来说,是"美"的,但它忽略了人类在社会生活中对于"善"的期待,让人们无法坦然面对,所以引发了质疑。

在日常生活中,可以各美其美,美美与共,譬如你以红色为美,我以蓝色为美,她以白色为美,当我们选择了各自喜爱的颜色,世界也便丰富多彩。又如你爱苹果,我爱菠萝,她爱西瓜,当我们选择了各自喜爱的味道,世界反而多了一些和谐——至少我们不需要为了相同的爱好去争夺。日常生活中"美"的感觉是非常私人化的,没有普世价值标准,但社会生活中的美,是有普世价值标准的。譬如生活方式,当然可以很多元,但是,只要涉及"他人","美"的生活方式就必然会有一个普世价值标准:不伤害他人。

那么,社会生活审美到底有哪些普世价值标准呢?

一、献身伦理

在社会生活中,伦理之美的重要性远高于艺术美。"伦理"一词在中国最早见于《乐纪》:"乐者,通伦理者也。"孔子所说的"里仁为美",注重的就是人与人之间关系的和谐美。在我们的传统文化中,最美的不是动人的音乐、美妙的书画,而是美好的德行和伦理。岳飞精忠报国,诸葛亮鞠躬尽瘁,文天祥舍生取义,子路百里负米,刘庭式守约娶盲女,曾子杀猪明不欺,吕蒙正不计人过,韩信一饭千金报漂母,"二苏"手足情深共患难……这些伦理之美在中国文化中留下了深深的烙印,塑造了中国人的审美心理。中国人的社会生活审美,是追求美善合一、尽善尽美的。因此,献身伦理,就成了社会生活审美的重要普世价值标准。

美国《韦氏大词典》对于伦理的定义是"一门探讨什么是好什么是坏,以及讨论道德责任义务的学科",它不仅包含着对人与人、人与社会和人与自然之间关系处理中的行为规范,而且也深刻地蕴涵着依照一定原则来规范行为的深刻道理。学校是一个小社会，需要学生融入集体当中，献身于各种"共同体"，当然也就必须献身伦理。

献身伦理，就是"在关系中生活"，在不同的共同体（临时的或者长期的）当中定位自己的角色，并从这一角色出发，为此共同体做出贡献。"我们需要找到某种方式'释放'或者表达自身。这样，我们每个人都能为人类的景象做出特殊的个人贡献，无论贡献多么渺小。至少，这是过有德性的生活的一种方式。这是我惟一知道的方式。"[1] 因为，"生活是混乱的：我们不能期待能够通过思辨的方式将它总体化。但通过在伦理上献身于生活和我们的邻人，我们可以理解它。我再说一次，我们对生活的伦理献身就是：惟独献身将道德的可理解性注入生活"[2]。

献身伦理能够带来什么样的结果呢？苏格拉底说，以"德行"为友、与"仁爱"为伍的人，"青年人因获得老年人的夸奖而高兴；老年人也因受到青年人的尊敬而喜乐；他们以欣悦的心情回顾自己已往的成就，欢欣鼓舞地从事目前的工作"，因着"德行"，"他们受到神明的恩宠，朋友的爱戴，国人的器重。当大限来临的时候，他们并不是躺在那里被人遗忘，无人尊敬，而是一直活下去，永远受到人们的歌颂和纪念"。[3]

献身伦理的底线标准是"己所不欲，勿施于人"，献身伦理的最高境界是"反求诸己"，凡事从自己身上找原因，自己可以追求成为圣人，但不可要求别人也成为圣人。对别人太高的伦理道德要求是一种专制。人性当中有一种本能的需求：要活下去，自己活，也让别人活。要活下去，是生存的本能。自己活也让别人活，便是伦理。

无论是在家庭中，在学校里，还是在社会上，我们都需要与人相处，只有在伦理上献身于生活和我们的邻人，才是有永恒价值的生活。

---

1 唐·库比特:《生活 生活——一种正在来临的生活宗教》，王志成、朱彩虹译，宗教文化出版社，2004年，第122页。
2 同上，第9页。
3 色诺芬:《回忆苏格拉底》，吴永泉译，商务印书馆，1984年，第50—51页。

二、热爱劳动

"热爱劳动"这种在小学生的期末评语上经常出现的字眼,恰是社会生活中至善至美的普世价值标准。热爱劳动,并能在劳动中为社会发展和人类文明的进步做出自己的贡献,做对社会有用的人,具有一种超越了仅仅为个人利益而打拼的"大美",并且,这样的劳动能够让自己的心灵获得满足。

"从不放过每一种欲望","一心渴望追求,尽力完成,而后又有新愿望,如是在风雨中驰驱一生"的浮士德,经历了书斋生活、爱情生活、政治生活、对古典美的追求,但他"没有一刹那感到满足",唯独最后的"填海造陆"才让他的心灵获得前所未有的满足:"我为千百万人开拓疆土,虽不安定,但可自由劳作、居住。土壤膏腴,原野一片葱绿,人和畜群在这片新辟的土地,可立即移居牢固的山丘周围,那是勤劳勇敢的人民奋力筑成。外边纵有惊涛骇浪拍堤岸,里面安居乐业宛然人间乐园,倘若海浪不断冲蚀,面临决堤危险,大家紧急堵缺口,齐心协力固堤岸。是的!我完全献身于这个观念,这是智慧的最后诊断:每天为自由与生存而斗争,才拥有自由与幸福的人生。青壮老幼只因随时有危险,全都在这里度过有为之年。我想看到这样熙熙攘攘的人群,自由的土地上居住着自由的人民。我就可以对那瞬间说:'停留一会儿吧,你多美呀!'我在尘世的日子不会化为乌有,它必定会有痕迹长久留下——预感到如此崇高的幸福,此刻我享受着这最崇高的刹那。"[1]

在劳动过程中,还可体会到团结协作之美。有个耳熟能详的故事:一群年轻人到处寻找快乐,却始终找不到,于是他们向苏格拉底请教快乐在哪里。苏格拉底说:"你们还是先帮我造一条船吧。"这群年轻人暂时把寻找快乐的事放到一边,找来造船的工具,用了七七四十九天造出了一条独木船。独木船终于下水了,他们把苏格拉底请上船,一边合力划桨,一边齐声唱起歌来。苏格拉底问:"孩子们,你们快乐吗?"他们齐声回答:"快乐极了!"一群人

---

[1] 歌德:《浮士德》,潘子立译,西安交通大学出版社,2017年,第539、540、545、546页。

一起做一件有意义的事,生活就会变得快乐而美好。这就是社会生活之美。

苏格拉底曾经借助寓言告诉他的弟子们:"神明所赐予人的一切美好的事物,没有一样是不需要辛苦努力就可以获得的。如果你想获得神明的宠爱,你必须向神明礼拜;如果你希望得到朋友的友爱,你就必须善待你的朋友;如果你想从一个城市获得尊荣,你就必须支援这个城市;如果你希冀因你的德行而获得全希腊的表扬,你就必须向全希腊做出有益的事情;如果你要土地给你带来丰盛的果实,你就必须耕耘这块土地;如果你决心想从羊群获得财富,你就必须好好照管羊群;如果你想通过战争壮大起来,取得力量来解放你的朋友并制服你的敌人,你就必须向那些懂得战争的人学会战争的艺术并在实践中对它们作正确的运用;如果你要使身体强健,你就必须使身体成为心灵的仆人,用劳力出汗来训练它。"

热爱劳动,是我们活在这个世界上并跟这个世界建立联系的最重要的途径。所以,在我的语文教学实践中,我会组织各种活动:语文活动,社会实践,调查访问,社区公益……带领学生在集体劳动中感受快乐,学会协作,贡献力量,从而领悟生命的意义。

三、享受交往

人的社会属性决定了我们不可能孤立地存在,因为这个世界上,"存在许许多多活着的东西,许许多多活着的人,每一个都有要过的生活。其共同生活牵涉到互相交流、与环境交流这个不间断的复合过程。通过这些交流过程,他们在自己周围建立起一个丰富复杂的生活世界。因此,生活不是一个事物:它是活着的问题,是投入交流的复合过程——化学的、生物的、经济的、符号的,通过这些过程,人类文化世界、生活世界得以产生、维持和发展。……通过众多的交流,我们和我们的世界都始终在改变。"[1]"我们全部的生活都处在和

---

[1] 唐·库比特:《生活 生活——一种正在来临的生活宗教》,王志成、朱彩虹译,宗教文化出版社,2004年,第146页。

其他人以及环境的交换关系中。"[1]

因此,社会生活审美的一项重要指标就是:享受交往。在交往中完成工作,在交往中共同进步,在交往中增进感情,在交往中获取信息,在交往中彼此磨合、彼此适应、彼此尊重、彼此欣赏。

当然,交往中也可能产生矛盾冲突,甚至战争仇恨。但在共同认可和一致推崇的德行标准之下,高尚善良的人们有能力在友谊与竞争的不断调适与努力平衡中,渐渐学会彼此相爱。苏格拉底说:"人们天性有友爱的性情:他们彼此需要,彼此同情,为共同的利益而通力合作,由于他们都意识到这种情况,所以他们就有互相感激的心情;但人们也有一种敌对的倾向。……分争和恼怒导向战争,贪得无厌导向敌视,嫉妒导向仇恨。尽管有这么多的障碍,友谊仍然能够迂回曲折地出现,把那些高尚善良的人们联系在一起;因为这样的人是热爱德行的,他们认为享受一种没有竞争的小康生活,比通过战争而称霸一切更好;他们情愿自己忍受饥渴的苦痛,和别人分享面包和饮料;尽管他们也酷爱美色,却能毅然控制住自己不去得罪那些他们所不应得罪的人。他们摒除贪欲,不仅能以依法分给他们的产业为满足,而且还能彼此帮助;他们能彼此排除分歧,不仅使彼此都不感到痛苦,还能对彼此都有好处。"

除此以外我们别无选择,因为所谓社会就是"公共的生活——它是世界本身"[2]。而社会生活能够成为审美对象的核心要素就是:纽带和共享价值。共享价值是理性的考量,而纽带是情感的牵绊:它是超越了功利的、"情感满溢"的关系。

在语文教学实践中,读书会、学习小组、文学社团等共同体,都为学生提供了交往的良好契机。

---

[1] 唐·库比特:《生活 生活——一种正在来临的生活宗教》,王志成、朱彩虹译,宗教文化出版社,2004年,第34页。

[2] 斐迪南·滕尼斯:《共同体与社会》,林荣远译,商务印书馆,1999年,第53页。

四、善待缺陷

这里所说的"缺陷",既指个体的缺陷,也指关系的缺陷和生活世界的缺陷。没有完全美好的个体,没有完全美好的关系,也没有完全美好的生活世界和完全美好的活法。

没有完全美好的个体。正如荣格所说:"渴望发展并到达完善,这是人格固有的一部分。但是今天的人远没有达到完善。""人格,作为我们整个生命的最完善的体现,是一个永远无法实现的理想。但这种不可实现性并不能推翻这种理想,因为理想从来都只是路标,而不是目标本身。"因此,在社会生活中,在与人相处中,不要苛求对方人格完美,要接纳人性的缺陷,善待人性的缺陷。并且,缺陷的存在,可以成为推动发展的契机,因为有缺陷才有需求。"没有需要一切都不会改变,更不用说人类的人格。它虽谈不上麻木,却非常保守。唯有迫切的需要方能将它激发出来。冲动、命令、远见对人格的发展都不起作用,只有残酷的需求对它起作用;它需要内在和外在致命的驱动力。"[1]

没有完全美好的关系。没有永远的朋友,也没有永远的敌人。除了亲情血浓于水、爱情莫名其妙之外,其他的都更类似于无处不在的契约关系,关系的存续,需要有共享价值的存在,并且彼此之间需要保持适度的距离,以保证双方的自由呼吸。关系的双方之所以能够建立关系,就是因为彼此之间有"相吸"性,但任何两个不同的个体之间也会有"相斥"性,当双方价值观或者利益发生矛盾时,冲突就会产生。冲突的产生并不意味着这一关系因此便失去了其存在的必要或可能,它需要及时的沟通调适和适时的矫正修补。跟朋友相处如是,跟同学相处如是,跟邻居相处如是,跟亲人相处亦如是。

没有完全美好的生活世界,这一点毋庸赘言;也不应该有完全美好的生活世界,这一点朱光潜早有诠释:"我们所居的世界是最完美的,就因为它是最不完美的。这话表面看上去,不通已极。但是实含有至理。假如世界是完美

---

[1] 荣格:《人格的发展》,陈俊松、程心、胡文辉译,国际文化出版公司,2011年,第165、169页。

的，人类所过的生活——比好一点，是神仙的生活，比坏一点，就是猪的生活——便呆板单调已极，因为倘若件件事都尽善尽美了，自然没有希望发生，更没有努力奋斗的必要。人生最可乐的就是活动所生的感觉，就是奋斗成功而得的快慰。世界既完美，我们如何能尝创造成功的快慰？这个世界之所以美满，就在有缺陷，就在有希望的机会，有想象的田地。换句话说，世界有缺陷，可能性才大。"

没有完全美好的活法。对个体而言，尚且没有一种能够恒久地让自己满足的活法，我们就更没有理由去质疑别人的活法（只要这种活法没有违背道德法律）。我对学生说过一句话："没有完美的活法，只有足够好的活法。"每一个个体的生长环境和成长背景都是不一样的，也许在你看来，他的活法不够好，但对他而言，已经是尽了最大努力之后的最好的活法。所以在社会生活中，在与人相处时，要学会理解体谅、接纳欣赏。

五、拥抱偶然

如果你能一眼看到未来，知道结果是什么，就没有什么兴奋和期待了。如果生活和命运有清楚严格的规律规则并且从不出错，没有任何偶然和意外，就没有什么惊喜和好奇了。

"设想一下上帝用与最简单、最严格的小镇道德规定完全一致的方法运行世界。例如，……好人命长而富裕，坏人很快就命归黄泉。所有人都这样，没有例外。如果你突然被诊断出患了不治之症，你就可以推断上帝对你忿怒了，你正走向毁灭，在这一晚期阶段你通过充分的忏悔、悔改或许能够避免这一命运。你细细想想居住在这样一个世界里会是怎样的：事物在生活中的运行方式和它们应该的运行方式完全一致，用康德的语言说，自然和道德充分和谐。每个人都即时获得他或者她应当获得的东西。没有人会对病人或者不幸者感到难过，因为它们显然必须承受他们的厄运。在圣人统治的世界里，好人牢牢地掌握权力，坏人受践踏。职责和纯粹的私利完全符合。统治阶级将堂皇地、理所当然地在最大程度上自以为是。这听起来完全是一个使人反感的（令人沮丧地为人所熟悉的）世界。……事实上，我们应该一起停止抱怨。既然生活是偶然的，惟一可以期望的是将有剧烈的盛衰和沉浮。通过许多惯用语，人们表明他们完全理解这样的立场：他们说，顺其自然，我们得学会接受人生起伏。或者最简单地说，事情就是这样的，或者这就是生活。"[1]

如果世界完全按理性和规则运行，世界就不会有同情，不会有眼泪，不会有惊喜，不会有感恩，不会有忏悔，也不会有饶恕……总之，世界正确得铁板钉钉，命运可以预见得清楚分明，人们不会有情绪，也不必有幻想，想想看，这样的世界是不是令人反感？或许，我们需要柔软、怜悯、愧疚、惊喜、追悔莫及甚至痛断肝肠，这些比公平、理性与规则来得更有必要也更有意义。一个没有伤口的世界，也不会有同情的温暖和抱慰的美丽。这个属物质的世界，最终会消逝的。任何理性和规则都无法改变这一事实。唯一值得宽慰的是，在这个终将逝去的世界里，我们可以拥抱在一起相互取暖，我们可以牵着手一起为看见新的一天的日出而谢恩。

就好像那个奥运赛场上最有名的"悲情英雄"马修·埃蒙斯，连续三届奥运会，他都倒在了"最后一枪"，将金牌拱手相让，甚至连资格赛都没闯过。但生活就是如此奇妙，2004年意外丢掉金牌的埃蒙斯，却幸运地收获了爱情。比赛结束后，失意的埃蒙斯在射击场馆门口的酒吧里喝酒，同样失意的捷克射击运动员卡特琳娜恰好路过，安慰他的时候，两人一见钟情，最终步入了婚姻的殿堂。埃蒙斯曾经说过："如果早知道在奥运会脱靶就能结识卡特琳娜，那我肯定第一枪就选择打偏。"

就好像网上流行的一个感性而美好的句子："高考，无非是很多人做同一张卷子，然后决定去哪一座城，今后和谁表白，和谁撒娇，和谁一起点外卖，和谁耍酒疯，和谁走四年，和谁走一辈子。最终发现，错的每一道题，都是

---

[1] 唐·库比特：《生活　生活——一种正在来临的生活宗教》，王志成、朱彩虹译，宗教文化出版社，2004年，第80–81页。

为了遇上对的人。"

因此,"我们应该在所有的偶然性中对生活说'是',因为正是生活的偶然性才使得快乐的偶然事件成为可能,使得革新和创造力成为可能"[1]。

六、承担使命

季羡林先生说:"如果人生真有意义与价值的话,其意义与价值就在于对人类发展的承上启下、承先启后的责任感。"

社会生活审美,很重要的一个普世价值标准就是勇于并乐于承担使命。譬如我们熟知的三个建筑工人的故事:

一位记者问三个建筑工人他们在干什么,第一个工人回答:"我正在砌一堵墙。"第二个回答:"我正在盖房子。"第三个回答:"我正在为人们建造漂亮的家园。"若干年后,第一个工人还是一个普通的建筑工人,第二个工人成了建筑设计师,而第三个工人成了一家房地产公司的老板,前两个工人正在为他工作。

其实这个故事来自西方,在西方的版本里,第三个工人的回答是:"我在为建一所宏伟的教堂而努力,教堂建成后可容纳几百人做礼拜,这实在是一件极有意义的工程。"

第三个建筑工人对自己的工作有一种天然的神圣感和使命感,心中洋溢着浪漫幻想的美妙激情。这样的人,往往能获得超凡的创造力和充沛的自豪感,他们是平凡生活世界中的一道耀眼的光。承担使命,能使人类社会变得更美好,也能让自己的生命变得更有价值。

语文教育就应当培养学生的使命感,因为承担使命与人格发展直接相关。荣格说:

---

[1] 唐·库比特:《生活 生活——一种正在来临的生活宗教》,王志成、朱彩虹译,宗教文化出版社,2004年,第22页。

到底是什么促使人们走自己的道路，并像走出迷雾一样超越群众的无意识身份呢？不是需求，因为需求太多，而且最后都躲进了常规的避难所。也不是道德抉择，因为十有八九我们也会同样地选择常规。那么，是什么不可动摇地促成了这种与众不同呢？

是我们通常所说的使命感：它是一种非理性的因素，让人注定要摆脱普通大众和常规老路。真正有人格的人无一例外具有使命感，并像信仰上帝一样对它深信不疑。

……

"有使命感"最初的意思是"受到某个声音的召唤"。旧约中那些先知们的公开誓词是关于这个的最典型范例。

……

然而，使命，或使命感却不是伟人的特权；小人物，直至"侏儒"样的人同样也会有，但从伟人到小人物，召唤声音会变得越来越弱，直至最后感觉不到。它就像内心的魔鬼的声音一样，渐行渐远，声音越来越模糊。人格越弱，它也越微弱和难以察觉，直到最后被周遭世界所吞没，变得无法分辨，因而失去了自身人格的完整，融入群体中去了。内心的那个声音被带有常规惯例的群体的声音所取代，使命感也随之被集体的需要所取代。然而，即使在这种无意识的社会情况下，还有很多被称之为仍保持清醒的人。一旦听到那个声音的召唤，他们立刻就会变得与众不同，觉得他们面对着的那个问题其他人一无所知。

……

内心的召唤来自一种更完整的生命，一个更宽阔、更广泛的意识的声音。这就是为什么在神话里，英雄的诞生或象征性的重生都是在日出之时，因为人格的发展是自我意识增长的同义词。[1]

1　荣格：《人格的发展》，陈俊松、程心、胡文辉译，国际文化出版公司，2011年，第171、172、179页。

第12讲

影视艺术审美

俄国诗人巴尔蒙特说"我来到这个世界为的是看太阳",人类生而为"看"。

《浮士德》中的守塔人也曾如此歌唱:

> 我为观看而生,
> 瞭望是我使命,
> 为瞭望台而献身,
> 世界令我欢欣。
> 放眼眺望四方,
> 凝眸注视近旁,
> 仰望星辰、月亮,
> 俯瞰森林、麋獐。
> 我看世间万物,
> 永恒华美壮观。
> 世界令我欣喜,
> 我也爱我自己。

啊，幸福的双眼！

举凡你们所见，

宇宙洋洋万象，

何其美丽、壮观。

影视艺术，就是人类的瞭望台之一。"从根本上讲，观众对电影的迷恋，已不再是简单地对某类影片、某个人物的迷恋，而是对不断满足自己欲望的观影过程的迷恋，正所谓'看本身就是快感的源泉'（劳拉·穆尔维语）。"[1] 电视的出现，使得当代人愈发沉迷，电视比电影更为方便和快捷，更具即时传真性和生活化特点，而且电视节目的连续性，更能持久地满足观众"看"的需求，正如萨特依据故事模式所描述的我们看（或不断地试图看）世界的方式："人总是故事的讲述者，他被自己的故事和别人的故事环绕着生活。他通过这些故事看发生在他身上的一切；而且他试图像他正在讲述的这些故事那样生活。"

"故事就像食物和水一样，永远是人类的第一要务。从非洲织毯子的编织工到大学里最睿智的学者，故事是属于全人类的。它们在一种最基本的层面上与我们对话，满足了我们的需要。生活看起来是没有目标、没有意义、没有结构、不公平、没有解决之道的……故事是生活的解毒剂：它有目标、有意义、结构分明、公平、有解决之道、有爱情、有悬念、有冲突、有冒险……它有目标和意义。如果我们的生活总是没有这些，我们的故事可以有。所有形式的故事——小说、电影剧本、传记、戏剧、诗歌——都能改变人的生活。它们可以鼓舞人心，激发灵感，提供全新的生活感受和生活的样板。它们提供一种逃避的手段，让我们逃离平庸的日常生活，或者让一个灰心丧气的囚徒逃离监狱。它们能够治愈，能够净化，让一个卧病在床的孩子心驰神往，

---

[1] 贾磊磊：《电影语言学导论》，中国电影出版社，1996年，第100页。

暂时忘记病痛。"[1]

德国著名心理学家雨果·明斯特伯格被称为"第一位从美学上发现电影的心理学家",他在其著作《电影:一次心理学研究》(1916)中最早从电影心理学的角度论证了电影是一门艺术,他认为,单纯复现自然的影片不是真正的艺术品,影片真正的审美价值在于客观现实被转化为审美观照的对象。他甚至认为,电影不存在于胶片上,甚至不存在于银幕上,而只是存在于观众的脑海里,存在于电影观众对银幕上一系列活动影像的感知中,存在于观众欣赏影片时通过感知、想象、联想、情感等多种心理功能所形成的审美心理之中。

因此,影视艺术审美,是语文教学中不可或缺的一部分。影视欣赏进入语文课堂并非标新立异,甚至不是他山之石——影视艺术本身就与语文密不可分。优秀的影视作品能以其得天独厚的优势,带给学生强烈而丰富的审美体验,有助于提升学生的感受力,培养学生的思维力。

对于语文教学来说,影视艺术审美可以有两种方式:一是在教材以外单独开设影视欣赏系列课程。除了经典的电影作品以外,一些有价值的电视系列节目也可以纳入课程,譬如《变形计》《看见》《朗读者》《见字如面》《中国诗词大会》等等;二是利用影视资料辅助教材的文本教学,对文本进行阐释和拓展。譬如学《林黛玉进贾府》,播放《红楼梦》连续剧的相应片段;学《奥斯维辛没有什么新闻》,播放《美丽人生》和《辛德勒名单》的某些片段;学《那树》,播放公益大片《大自然在说话·红木》和《阿凡达》关于家园树的片段等等。

无论是哪种方式,遴选影视资源都是最首要的,要确保每一部入选影片真正具备审美价值:要有不可替代的独创性,要有强烈的生命意识,要能够充分理解和尊重人性的真实,要能够超越时空和文化的藩篱,要有追问人类终极问题的意识,还应该是人文的、多元的、反思的,能够建构学生的审美心

---

[1] 诺亚·卢克曼:《情节!情节!》,唐奇、李永强译,中国人民大学出版社,2012年,第155–156页。

理，促进灵魂的净化和情感的升华，启发学生认识自己，认识人类，认识世界，认识生命。另外，影视资源的介入要适时适度，要精准地切合学生每一阶段的心理特征和发展需求，为学生的成长服务。

影视艺术审美，究竟从哪些方面入手呢？

罗兰·巴尔特把电影符号学的运作程序与研究内容分为三个档级的意指研究：第一符号学是直接意指，目的是建立叙事层面；第二符号学是含蓄意指，目的是建立意识形态层面；第三符号学是韵味意指，目的是建立审美层面。其实这样的划分，逻辑还不够严密，因为电影的叙事可以有审美价值，电影的意识形态也可以有审美价值，罗兰·巴尔特所说的"审美层面"，大概主要是指画面和风格情调方面的审美了。我想，从语文教学的立场出发，影视艺术审美应该从以下几个方面入手：画面审美、叙事审美、人物审美、情感审美、意蕴审美、台词审美。

一、画面审美

作为人类交流的符号系统，电影的画面与音乐和绘画一样，是真正的"世界语"：它超越空间，没有国界；它超越时间，链接古今；它无需翻译，全人类通用。它直接作用于人的感官，触动心灵，唤起情感，引发共鸣。

镜头在说话，它用色彩与光线说话，它用空间与景别说话，它用镜头的运动说话。

1. 色彩与光线

色彩是沉默的语言。从彩色电影诞生的那天开始，色彩在电影艺术创作中就不可取代。色彩之于电影，犹如修辞之于文学，旋律之于音乐，丹青之于国画。电影中的色彩渗透着创作者独特的美学诉求、文化积淀和情感格调。电影的创作者在画面审美方面往往会有自己的个性和偏好，从而形成自己独特的影像语言，并确立自己的风格——就像是一个人脸上习惯性的表情——标志性的，风格化的，有辨识度的。

光线则如同素描作品的线条，它让一切造型的呈现成为可能。创作者利用光的方向、明暗和反射来区隔空间，描绘事物，刻画人物，表达情绪，呈现思考……光线如同一支生花妙笔，让电影艺术成为可能。

譬如《剪刀手爱德华》，电影中有双重色彩对比：一是人物自身外表和内心的对比（剪刀手爱德华黑灰冷硬的外表下，有着蛋糕一般柔软善良甜美的心；彩色小镇的人，外表光鲜亮丽却别有用心搬弄是非），二是两个世界的对比（古堡深灰幽暗神秘，却怀藏着柔软和纯洁；优美的童话社区粉红明媚温馨，却充斥着窥探、流言、虚荣、私欲，甚至挑逗与犯罪）。色彩与本质，外在与内在，形成了鲜明的双重错位对比。电影的高潮就是爱德华为女主角金做一个美丽的冰雕的时候，飞扬的冰屑成了漫天飞雪，女主角金在飞扬的雪花中翩翩起舞，脸上露出天使般的笑容，洋溢着幸福和甜蜜，这是一个洁白梦幻的世界。白色象征纯洁无邪，一尘不染，在女主角金晚年的回忆里，这一场雪中舞蹈持续终生，当孙女问"你怎么知道他还活着"的时候，金回答："我不知道，我相信。在他没有来之前，这里从来不下雪，之后，这里开始下雪。我永远记得雪中的舞蹈。"白色代表着爱德华纯洁的内心和纯洁的爱情，只要白色的碎冰屑还从小镇的上空飘下来，就证明爱德华以及他的爱情还存在，多么美好。

贝拉·巴拉兹在《电影美学》中说："色彩的变化能够表达没有颜色的面部表情所不能表达的情绪和感情。色彩的变化能为面部表情增添微妙的神韵。"不仅电影如此，文字读本也同样讲究色彩对读者心灵的冲击力。

譬如我的《奥斯维辛没有什么新闻》的课堂教学片段：

师：罗森塔尔在千百篇已有的关于奥斯维辛的宏大叙事的新闻之后，独辟蹊径地以阳光明媚的草地上孩子的嬉戏为切口导入，又以阳光明媚的草地上孩子的嬉戏收束。为什么是孩子？

生：呼吁人们珍爱和平，珍爱生命。

师：是的。泰戈尔说："每一个孩子出生时都带来了讯息：上帝对人类并未灰心失望。"因为孩子,我们才更有责任守护这个世界的和平;因为孩子,我们才更有必要努力让这个世界变得更好!我们昨天观看的《美丽人生》,那位父亲在地狱一般的集中营中,为孩子营造了一个童话世界,把死亡变成了一个游戏,他守护了孩子的心灵,不让它沾染一点恐惧。这样的爱、勇气和智慧,是这位父亲赐予整个世界的恩典。大家有机会再去看看《辛德勒名单》,这是一部黑白的影片,只有最后一个镜头是全屏彩色:幸存的犹太人重获自由,走出一片新天地。另有一个片段是局部彩色:一个红衣小女孩在死神阵营里兀自穿行,唤醒了辛德勒麻木沉睡的人性。

(播放短片:《辛德勒名单》红衣女孩片段。)

师:(边播放边解说)红衣女孩穿行在死亡阵营中,身边不时有人被击毙。辛德勒的目光紧紧追随,十分牵挂她的安危。在童声合唱的音乐背景中,排列成队的人被德军军官逐个击毙,红衣女孩在枪林弹雨和德军的铁蹄声中躲入床底……

辛德勒是一个发战争财的纳粹商人,他本来一直花天酒地,对犹太人的命运无动于衷,直到有一天,这个穿红裙子的小女孩牵动了他麻木冷酷的心,让他内心深处的人性开始复苏。然而有一天辛德勒在手推运尸车上看到了小女孩冰冷的尸体,尸体被埋下又被刨起,最终被扔进了焚尸炉(点击PPT展示图片)。

辛德勒深深地震惊了。他开始认识到纳粹的疯狂与战争的罪恶。他开始罗列一份名单,代价就是用全部的财产去贿赂德国的军官并供养这些名单上的"工人"。

我想请问同学们,为什么周围是令人窒息的黑白世界,只有红衣女孩是彩色?有人说这简直是神来之笔,你觉得导演为什么要这样处理?

生:为了表现小女孩可爱的生命强烈触动了辛德勒的心灵。

师:很好。黑白世界中唯一的红色,象征生命的鲜明的颜色,那么饱满,又那么脆弱。还有,红色是血的颜色,而血,在西方宗教中意味着救赎。耶稣就是用自己的血来救赎人类的。辛德勒在拯救犹太人的同时,自己的灵魂也得到了救赎。那个红衣女孩，救赎了他的灵魂。

所以，孩子会让这个世界变得更好，孩子让这个世界永远充满了希望，就因为如此，希特勒才会在犹太妇女身上做不育试验，希望通过让犹太妇女不育而让整个犹太民族彻底灭绝。

所以罗森塔尔反复用色彩明媚的画面来感召每一个人：为了孩子，我们有责任让这个世界变得更好！

再譬如"奶茶"刘若英的导演处女作《后来的我们》中，黑白影像和彩色镜头巧妙切换，风格独特，内涵厚重，给观众以别样的审美体验。电影犹如一篇抒情散文，刘若英用彩色和黑白营造出"过去"和"现在"两个电影时空，展现了她对色彩的深刻理解力和高超驾驭力。这样的设置正对应了那句台词："如果我们分手了，那这个世界将失去色彩。"拥有你时，世界是彩色的；错过你后，世界只剩黑白。而《至爱梵高·星空之谜》，干脆直接用了油画动画的形式来讲述故事，每秒12帧的画面，刚开始的确给人一种不适感，但习惯这个帧率后，慢慢发现看电影的同时也是在看一场画展，带给观众独特的视觉体验。

2. 空间与景别

电影里的环境早已不仅仅是单纯的人物表演空间，而是造型形象的潜台词。电影里的空间营造往往是为了物化情感，环境空间往往是情感的外显。为作品设置怎样的空间环境，往往能够反映创作者的内心情绪和作品想要表达的主题。

譬如安房直子的《狐狸的窗户》，被猎人追杀的小狐狸幻化出一个蓝色的桔梗花田，为什么是一片蓝色的花海而不是一片森林呢？森林不是更容易藏身吗？首先，这个故事的主题不是追杀与逃生，不是猎人与狐狸的博弈，而是狐狸用爱与美来感化猎人，净化他的灵魂，作者着力表现那些逝去的永远不能再回来的人和事物的美好，唤起人们对于爱情与亲情的珍惜（桔梗花的花语：永恒的爱，或者无望的爱，或者永恒无望的爱。狐狸选择桔梗花田，也许想要表达一种对曾经死于猎人之手的母亲的永恒的爱和无望的爱）。其次，蓝色是天空的色彩、大海的色彩。这种纯净而辽阔的色彩能够洗涤灵魂，荡涤欲望。另外，作者说她特别迷恋蓝色。衣服也好，携带的东西也好，几乎都是一致的深蓝色，她说她一看见蓝色，心里就感觉特别安详。她说蓝色是最深、最美、最具幻想性的色彩。并且，她说过："激发我写《狐狸的窗户》的，是一片蓝色的花田。一连几天，我就那么悄悄地揣着这个心象的样子……不久，一只小小的白狐狸和一个拿着长枪的年轻人，就在我的心里诞生了……一座有走廊、有拉门的让人留恋的老房子，也在我眼前浮现出来。"所以，选择蓝色花田，跟作者本人的偏好也有关。空间环境关乎主题和情感，小说如此，电影亦如是。

不同的作者往往会选择不同的空间环境和意境，传达不同的主题和情感。为了进行对比，上课时我问同学们有没有读过《小王子》，只有四位同学举手，我又问他们有没有看过电影《小王子》，居然一个也没有。于是我一边讲述主要内容一边插入电影《小王子》的一个片段，并展示了相关台词：

小王子：你来跟我一起玩吧？

狐狸：我不能和你一起玩，我没有被驯服。

小王子：什么是驯服？

狐狸：驯服的意思是制造牵绊。如果你驯服了我，我们就会需要彼此。你看见那边的麦田了吗？我是不吃面包的，对我来说，小麦毫无用处，麦田不会唤起我的任何记忆。这也是挺悲哀的。但是你有着金黄色的头发，所以，一旦你驯养了我，这将会变得妙不可言，金黄色的小麦将使我回想起你来。而且，我也会爱上穿行麦浪的风声……对我来说，你将变成这世上独一无二的人。对你来说，我也会变得独一无二。

于是，他们每天在麦田之中追逐嬉戏。后来有一次，小王子偶然发现好多好多的玫瑰，他想起自己星球上的那一朵属于他的玫瑰，他说：原来这个世界上有这么多玫瑰啊！我的玫瑰只是一朵普通的玫瑰。我本来以为她是唯一的。小王子很绝望。但这个时候，狐狸出现了，狐狸说："她不是一朵普通的玫瑰，她是你的玫瑰。你在她身上付出的时间使它无可替代。你现在要对你驯服过的一切负责到底。你要对你的玫瑰负责……你必须回去找她。"小王子决定回去，狐狸流了泪。小王子说："你哭了吗？我驯服了你却没给你带来一点好处。"意思是现在我要走了，留给你的却是离别的感伤和流泪。但是狐狸怎么说呢？它说："由于麦子颜色的缘故，我还是得到了好处。只有用心去看，才能看得真切。重要的东西用眼睛是看不见的。"只要看见麦子的颜色，狐狸就会想起小王子的头发，所有关于他的美好记忆都会浮现出来，即使他实质上已经不在狐狸身边了，那些美好的记忆还是能够让狐狸感到幸福。和《狐狸的窗户》以蓝色桔梗花田为背景不同，电影《小王子》在这里选择了使用一大片金黄的麦田为背景，这样的空间环境，将情感渲染得特别浪漫而浓烈。

景别是指由于摄影机与被摄体的距离不同，而造成被摄体在电影画面中所呈现出来的范围大小的区别，景别一般可分为六种：大特写、特写、近景、中景、全景、远景。特写放大形象，突出细节，刻画性格，将人物的瞬息表情和信息传递给观众；近景细致地表现人物的表情和细微动作；中景表现人物交流，展示其动作和情绪，以及人与人、人与物、人与环境之间的关系；全景展示人物的整体或某一具体场景的全貌，用于确定人物、事物的空间关系；远景表现空间范围最大，它创造气氛，抒发情感，渲染情绪。轻重缓急，抑扬顿挫，不同的景别仿佛不同的语调，造成不同的节奏，引起观众不同的心理反应。

根据创作者的个人偏好和作品的主题，电影作品所选择的景别往往各具特色，譬如《可可西里》，很多重要的仪式感的告别都在全景里，画面语言令人震撼和感怀。又如张国荣导演、杜可风摄影、林夕作词的《我》，MV的整个背景一片漫漫黄沙，突出的是人的孤独；而且采用了航拍的手法，用长焦定在那里，感觉所有的拍摄技巧就是集中力量在突出这一个人。作品要传达的正是浩瀚宇宙中这个人的渺小与孤独、寻找与倔强。

3. 镜头的运动

镜头的运动，可以制造动感活力，营造节奏韵律，还有利于展示动作的场面与规模，加强画面的逼真性和可信度，它可以为镜头创造一种语言，完善电影的叙事表意功能，创造出生动的主观视觉感，赋予画面独特的情绪氛围，带领观众进入画面和情境。

视觉心理的研究专家阿恩海姆说："运动是视觉最容易强烈注意到的现象。"英雄所见略同，"所以克拉考尔认为运动是最上乘的电影题材。希区柯克则认为追赶是电影的最高表现形式，追赶非常有助于构成一连串充满悬念的形体活动，因而它是最吸引人的题材。弗拉哈迪认为，西部片之所以受人欢迎，是'因为在原野上策马飞驰的景象叫人百看不厌'"。[1]

影视作品镜头的运动性强，其节奏变化就大，信息量也大；运动性弱，其节奏变化就小，信息量也少。尤其是在创造心理时空、制造紧张感、提升兴奋度等方面，运动镜头最为常见。可以说，运动镜头与心理片是密不可分的。譬如在苏联影片《这里的黎明静悄悄》中有一个长达十四秒钟的镜头，表现的是加丽娅被打死后准尉与德寇周旋的过程：准尉在击退德寇的几次进攻后，向左方奔跑，一边跑一边向背景中从土坡后追过来的德寇射击；而镜头紧紧跟随准尉移动，直到准尉从左边冲出画面。这个镜头里有两层强烈的运动吸引着观众的注意力：观众既要随着镜头追踪准尉的运动，还要提防背景中几次出现的尾随的德寇，同时枪声不断——镜头、人和声音都在不停地运动。运动产生的让人应接不暇的巨大信息量使观众在紧张地注视当中失去了对于时间的客观判断。将这个十四秒钟的镜头与稍后出现的一个只有十秒钟的女房东端着牛奶罐和土盘的彩色镜头相比较，观众竟然都觉得十四秒钟的镜头还没有十秒钟的镜头长。镜头的"运动"决定着观众的心理时间感受。

有时候，镜头的运动又故意放慢，为了制造氛围，强化抒情，或者延长观众的情绪体验。譬如《阿甘正传》开头和结尾都是一片羽毛的缓缓飘飞，

---

[1] 章柏青、张卫：《电影观众学》，中国电影出版社，1994年，第45、46页。

在班上播放这部影片之后,我的学生孔莉雅这样写道:

飘飞的羽毛
广州外国语学校高三(1)班　孔莉雅

《阿甘正传》中,导演以一片缓缓飘飞的羽毛作为开头和结尾使我困惑,再次看完,我强烈地感觉到一片飘到地上的羽毛就像一个降临到人世的生命,在广袤的天空中飞行,无论它"是命中注定,还是随风飘零没有定数"。

对上帝不公的怨恨,也许是人类精神痛苦的一大来源。你爸是局长而我爸是扫大街的;朋友陪你去试镜结果朋友成了大明星而你却落榜了;买房子比邻居晚三年就要多花三十万……碰到这样的事,世间几人能真正豁达超脱?就像被截去下肢的丹上尉,为何要用最粗鲁的语言辱骂上帝?因为当时的他没有认识到,自己必须"承认自己是个残疾",就像阿甘"承认自己是个傻子"。

阿甘妈妈说,"钱够用了就行,多余的钱只是摆阔"。对于阿甘而言,上帝让他以跟别人不太一样的方式降临在这个世界上,他的使命便是过好自己的生活,对他还怀有更多的期待,就未免太苛刻了。然而,这个世界确实需要一些不止追求"钱够用就行"的人,比如像辛德勒那样的"天降大任者",尽管他追求"多余的钱"的最初动机也是摆阔,但最终"摆阔"只是成了他为适应游戏规则而不得不佩戴的护身符。

这么说,她的话确实存在"局限性"。然而,生活在喧嚣浮华中的我们大多数并未脱离"摆阔"或者看他人"摆阔"的窠臼。电影中不仅通过这句话,还通过貌美如花的女主角、才华横溢的甲壳虫乐队主唱、风云一时的历任美国总统等人物命运的对比,揭示了对于生活,朴实若愚的态度也许反而是种大智。

回忆阿甘和珍妮之间的聚散,尽管阿甘是想尽自己的努力保护她不受伤害,但她始终觉得阿甘和她之间的差异太大,无法共同生活。珍妮问阿甘在越南打仗害不害怕,阿甘刚想说有时候怕,却又改口说:我看到夜里有星星,一闪一闪的;我看到太阳下山前的水面上有千万片闪光;我看到沙漠日出时天之涯地之极……听得入神的珍妮不由感慨:"真希望我当时是跟你一起在那里。"阿甘握住了珍妮的手:"亲爱的,你那时是跟我在一起。"

我不知道,一个"傻瓜"为何能说出这些话,是因为爱的力量真能提高"傻瓜"的智商,还是只是好莱坞"梦工厂"编织的梦境?不管怎样,我们都宁可相信那不仅仅是梦。和阿甘相比,珍妮有着雄心勃勃的青春,但却迷失在沉沦里,幸福对她而言来得太晚,也太短暂。珍妮的生活是他们那一代人年轻时的缩影,他们冷对政府,鄙视权威,他们仿佛遗世独立,以叛逆的行为来回报社会,但当狂热的年龄过后,只剩下苦涩。时髦的巨浪并没有袭卷到阿甘,他只是跑步、当兵、打乒乓、捕虾,安安静静地过自己比较"落伍"的日子。

朋友说,烦躁的时候看阿甘,能让他安静下来。这片缓缓飘飞的羽毛,轻抚我们急躁的内心,抚平心田中的坑洼。

她从审美的角度,敏锐地注意到了镜头的运动,准确把握到了创作者的心意:"傻瓜"阿甘与那片缓缓飘飞的羽毛一起,欣然接纳了不曾预约的生,也从容完成了无怨无悔的活。

运动镜头不仅仅关乎运动的速度,也关乎运动的角度,有时候,航拍、仰拍、广角镜头、擦着地面的急推或突升、升降、手持、车载和甩动等镜头,也会令人感到紧张、恐惧、惊奇或兴奋。大俯瞰、高速的镜头旋转,也会充分表现热烈的氛围和人物激动的心情,从而传递给观众,使主题得到升华。

二、叙事审美

影视作品的叙事跟小说的叙事有共通之处(毕竟它们同根同源,血脉相承),都要从悬念冲突和叙事角度两个主要方面进行审美赏析。

1. 悬念冲突

"悬念大师"希区柯克曾经说过："炸弹绝不能爆炸，炸弹不爆炸，观众就总是惴惴不安。"与这种说法异曲同工的是："归根结底，悬念是关于预期的，它与某些我们期待之外的东西、某件还没有发生的事情有关。悬念是观看事件展开的过程：一旦受害者被谋杀，女人接受了求爱，悬念就消失了。但是当受害者被跟踪，女孩被追求，悬念则会若隐若现。简单地说，悬念就是创造和延长预期。"[1] 电影通过悬念的设置与解决，让观众获得好奇心和求知欲的满足。甚至可以这样说，只要有悬念，观众通常就能坚持看下去。即便看完之后对影片不乏抱怨和挑剔，但在观看的两个小时里，他们能一直被吸引。

那么冲突是什么呢？黑格尔把"各种目的和性格的冲突"看作是戏剧的"中心问题"；在中国戏剧理论和批评中长期流行着一种说法：没有冲突就没有戏剧。影视作品中的冲突有许多种功能：它要求观众选择立场（决定应该同情和支持谁），它帮助制造悬念，它可以出乎意料从而让作品一波三折扑朔迷离，更可以让我们在过程中深入地了解人物——谁发起了冲突？谁推波助澜？谁试图从中斡旋？谁最终作出选择从而让冲突得以解决？——这种选择往往能够让人物形象鲜明饱满地呈现出来。

冲突一般有这样几种类型：主人公与自然力量之间的冲突，主人公与其他人物之间的冲突，主人公与社会力量之间的冲突，人物内心世界中的两种矛盾力量之间的冲突。

"事实上，冲突的最高形式通常来自内心。外部冲突至少是可以言说的，可以被解决、避免和忽略；内心冲突却不容易贴上标签，从来不能避免，有时候永远不能解决。事实上，有观点认为我们经常渴望——甚至制造——外部冲突，以便不去思考内心冲突的问题；一个人的内心冲突越激烈，他为了缓解内心负担而制造的外部冲突就越严重。这就是为什么一些人只有在置身危机中

---

1 诺亚·卢克曼：《情节！情节！》，唐奇、李永强译，中国人民大学出版社，2012年，第90页。

心的时候才能真正放松——他们经常会努力制造这样的危机。"[1]

下面这篇影评，就是我的学生对于电影作品中的冲突以及冲突中所呈现出来的人物形象的精彩解读。

英　雄
华中师大一附中 2006 届 20 班　夏星

这几天忙里偷闲，看了一部《蜘蛛侠2》。一直以为会是一部很吓人的电影，想想一个人变成蜘蛛的样子，在摩天大厦之间飞来飞去，还结着蜘蛛网。小时候看那种有打有杀有枪声的电影都是闭着眼睛，捂着耳朵的。但是没想到那蜘蛛侠是一个原本十分柔弱的大学生，后来成了蜘蛛侠，成了一名英雄。他在城市里飞来飞去，与那些坏人做斗争，帮助那些好人。

因为要当蜘蛛侠，要做帮助好人的事，他不得不放弃他追求了很久的玛丽·简；因为要当蜘蛛侠，他总是在赴约的途中遇到坏人要与之斗争，而屡屡与人失约，这使他失去了许多工作而一直穷困；因为要当蜘蛛侠，他总是没有时间去做他的功课，而使他过人的天赋被埋没。

因为要做蜘蛛侠，要做正确的事，他不得不毅然放弃他最想要的东西，甚至是他的梦。

他也曾选择过放弃，但是伯母的话让他领悟了蜘蛛侠的真正意义："像 Henry 这样的孩子需要英雄，那些英勇无畏、自我牺牲的人为我们做了好榜样。所有的人都爱英雄，人们排起长队向英雄欢呼，大喊他的名字。多年以后人们会说，当年站在雨中，只为看一眼恩人，他曾教会他们坚持，紧紧抓牢。我想每个人都有英雄的一面，他令我们诚实，给我们力量，使我们崇高，最后他令我们光荣地死去。虽然有时候我们必须毅然决然放弃我们最想要的东西，甚至是我们的梦想。"

---

[1] 诺亚·卢克曼：《情节！情节！》，唐奇、李永强译，中国人民大学出版社，2012年，第119页。

其实，伯母说得对，蜘蛛侠是英雄。他是英雄并不是因为他获得了常人无法获得的本领——像蜘蛛一样吐丝，结网，在高楼间飞舞，而是因为他，彼特·帕克选择了自己英雄的一面，他选择了做正确的事情。甚至是没有穿蜘蛛服的他，完全没有利用蜘蛛侠的力量，就毅然冲进一幢正熊熊燃烧的高楼中，救出了困在里面的小孩。一个素不相识的小孩，他都可以冒着生命危险去救出来，消防队员没有做到的，他做到了。

不是每个人都能成为英雄，但至少我们可以做一两件英勇的事情，至少我们可以去挖掘自己英雄的一面。章鱼博士奥托被他的机器手臂控制了以后，便完全失去了理智。他为了实现自己的梦想——成功控制氚的裂变反应，而用尽手段去获取氚。而当他的实验失去了控制，巨大的能量将毁灭整座城市时，蜘蛛侠唤醒了他的大脑，他们的对话就是一个英雄在呼唤另一个英雄：

——奥托博士，快停下它，它会毁了整个纽约！

——我不能。

——你曾经跟我谈过智慧，说它是天赋，用来造福于人类。

——不是特权。

——对，可是现在你被这些怪物（机器手臂）变得面目全非，它们控制了你。你必须停下这个反应堆。

——可是，那是我的梦！

——有时候要做正确的事，我们必须毅然放弃我们最想要的，甚至是我们的梦！

……

最后，章鱼博士战胜了那些机器手臂，作出了明智的选择。他毅然走向自己一手建立的、用毕生精力研制出的核反应堆，和正在燃烧中的小太阳一起沉入了河底。他在临近毁灭前大叫了一句："宁死不做怪物！"为了做正确的事情，章鱼博士也放弃了自己的梦想。

或许，获得诺贝尔奖的人是一种英雄，而为了人类放弃一个核裂变反应堆的人也是一种英雄。每个人都有英雄的一面，只要我们能够做正确的事情。

面对两种选择——一种是我们想要的东西，另一种是正确的事情，只要我们能放下自己的利益，去做正确的事情，我们就是一个英雄。

就像《天下无贼》中的王博，为了不打破傻根那个"天下无贼"的梦，做了一生小偷的他居然和另一个小偷搏斗，只为了抢回傻根的包。当他把包还给傻根的那一刻，他也丧失了自己的生命。生命的最后一刻，他是英雄，因为他做了正确的事情——尽管他曾是贼。

2. 叙事角度

所谓叙事角度，主要指陈述方式，尤其表现在谁是叙事者和人物视点变化这两个方面，例如摄影机可以采取摄影师的视角，也可以采取影片中任何一个人甚至物的视角，譬如《一条狗的使命》和《忠犬八公》中都有穿插使用狗的视角，从狗的视角来看世界，讲故事。

当代电影叙事学十分关注叙事角度问题，也就是"谁在叙述""谁在看"的问题。美国电影学学者贝纳德·迪克归纳出五种叙事角度：一是"无所不在的作者"。在小说中无所不在的作者常常用第三人称讲述故事（类似全知视角或曰上帝视角），在电影中，当摄影机表现得无所不在的时候，它的行为也就像是一个"无所不在的作者"。二是"隐形的作者"。由于有些小说写得很"非个人化"，以至于显得好像完全没有作者自己的情感介入，有的电影导演也竭力不使自己的感情介入影片，仿佛一位"隐形的作者"。三是"叙事者－代理人"。这种人物常常与所叙述的事件有关，例如影片中的某个人物在回忆主人公的少年时代时，他就扮演了"叙事者－代理人"的角色。四是"自觉的叙事者"。虽然作者并没有采用第一人称叙事，但观众完全清楚影片叙述的正是作者本人的思想与经历。五是"可信和不可信的叙事者"。贝纳德·迪克认为，当"叙事者所说所做的符合作品的标准（即隐形作者的标准）时，则是可信的，与此相反，则是不可信的"。

在一部电影中，也可以综合使用多种叙事角度。譬如黑泽明的《罗生门》就选择了三位叙事者来叙述想象世界中的同一事件——实际上还有第四位叙事者或曰第四种叙事角度：躲在丛林中的樵夫的说法。由于他并非当事人而是旁观者，因而摄影机极力造成拉开距离的效果，但实际上他的说法也并不完全真实，因为他掩盖了自己偷走武士胸口上那把刀的事实。

法国电影学教授雅克·奥蒙说："电影很早就学会了通过变换镜头方位和把若干镜头组接在一起使视点多样化，并通过摄影机的运动使视点有所变化。"与此同时，雅克·奥蒙又指出叙事性电影的视点总是或多或少地代表了影片创作者或影片中人物的视点，这种视点"最终受某种思想态度（理智、道德、政治等方面的态度）的支配，它表达了叙事者对于事件的判断"。也就是说，电影也和文学作品一样，无论角度和手法如何变化多样，都是在为表达情感和表现主题服务。

当然，角度的转换也需要适度。叙事角度的转换多样，往往会造成情节时空和因果链条的复杂化，这就要求观众具有一定的理解力和分辨力。一般来说，艺术修养深厚、审美经验丰富、审美感官敏锐、逻辑思维发达的观众，其理解力和分辨力就强；反之，则弱。对情节时空和因果链条的分辨直接影响到对整部作品的理解，如果不能理清关系判断出因果链条，不明白事件的来龙去脉，就无法把握电影作品的意蕴和主题。往往艺术性越强的影视片，其情节时空和因果链条越是复杂，这就是一些艺术成就很高的影视片上座率和收视率并不够高的原因之一，因为艺术修养深厚、审美经验丰富、审美感官敏锐、逻辑思维发达的观众毕竟不多。对于观众来说，适当难度的"复杂"可以激发他们"破译"的兴趣，"破译"的难度与所获得的审美快感是成正比的：难度越大，"破译"后所获得的审美快感也就越强烈；但若难度高至无法"破译"，审美快感也就无从产生了。可见叙事角度的设置与转换，跟观众的审美素养之间存在着一个"度"，低于这个"度"，不能引起观众的兴趣；高于这个"度"，则会阻碍观众审美。

三、人物审美

电影和小说相似的地方就是：都在讲故事，都要塑造出鲜明饱满的人物形象。二者当然也会有区别，譬如小说的三要素——人物、情节、环境，其中最不可少的就是人物，环境乃至情节都可以淡化甚至缺失。但电影不同，电影是在讲故事，无情节则无电影。所以，人物固然重要，但是情节的重要性有过之而无不及。在电影作品中，情节塑造人物，人物推动情节，二者缺一不可。

俄国艺术理论家普洛普强调应当根据人物的功能来研究故事，人物的功能代表了故事的基本成分。普洛普指出："功能单位是人的行为，行为之成为功能单位，则依赖于其在整个故事发展中所具有的功用（或意义）而定。"普洛普分析了一百多个俄国童话，研究其叙事结构，发现所有这些故事的基本组成单位，无非31项功能单位，包括"离家出走""禁止""反禁止"等等（这正如《圣经》中所说的"日光之下并无新事"）。在此基础上，他又分析了故事中人物的类属情况，他仅仅用七种角色就概括了童话故事中的各种人物：反面角色（侵犯者）、提供者、助手、公主和她的父亲、送信人、英雄、假英雄。

法国学者格雷马斯认为，虽然每一个故事都有不同性格、关系各异的人物，但其实这些无限变化的类型与关系都是由有限的基本类型变化衍生而来的。在普洛普的七种角色基础上，格雷马斯提出了六种角色的分类方法：支使者、承受者、主角、对象、助手、对手。这些角色又构成了基本故事的各种内在关系。"支使者"引发"主角"的行动，行动又有一定的"对象"，"主角"往往有"对手"，阻拦其获得"对象"，但通过"助手"的帮助，"主角"终于克服万难，并获得"对象"而将之授予"承受者"。这一模式远远超出了神话范畴，并且，它告诉我们，人物的审美，必须放在人物的动作行为和情节当中进行。

拉波泊说：演员的任务是以"再现人的动作来再现角色的"[1]。美国戏剧理论家乔治·贝克还对人物的动作进行过定性分类：（1）纯粹外部动作；（2）性格化动作；（3）帮助剧情发展和说明剧情的动作；（4）内心动作；（5）静止动作，或停顿动作。所以，要知道一个人是怎样的人，就必须看他做了怎样的事，以及怎样在做事。

来看一篇我的学生的作品：

巴博萨式的前进
广州外国语学校高二（2）班　崔荻

"拉满帆，所有船员就位，目标——白帽湾！……"整个《加勒比海盗4》看下来，给我印象最深刻的竟然不是我喜欢了好多年的翘着兰花指露着大金牙的杰克·斯帕罗船长，而是被黑胡子打瞎一只眼天天念叨着复仇的巴博萨。

巴博萨这个人其实是不大好剖析的，他神出鬼没又有几分狡诈，他的终极目标即使现在到了第四部了，也还没有显现出来。

他倒是非常有坚持心与个人荣誉感。海盗船"黑珍珠"在失去船长的一段时日里，这个大副很理所当然地掌了舵。想吧，千里雪冻，万里冰封，连猴子杰克都冷得不想去讹人的时候，巴博萨拧着船舵笑着前进，那是什么笑？像是有GPS引导着他如何前进一样大无畏的笑！——其实船长杰克走后他什么也没有，更别说海航图等有指引功能的东西，但他有一颗敢往前走的心！这点令我非常佩服，想想这之后的哥伦布发现新大陆遇到的风浪又算什么？

他在某时段绝对是无所畏惧的，甚至敢牺牲一切。第四部的卖点是"勇闯人鱼阵"，为了跟随邪恶的黑胡子去不老泉，巴博萨一路上遇到过不少的瓶颈。尤其是当全船船员因害怕白帽湾那些善于蛊惑并置人于死地的美人鱼，纷纷准备弃船而逃时，巴博萨却坚定着自己的目标，很淡定很仁慈地鼓舞着

---

[1]　谭霈生、路海波：《话剧艺术概论》，中国戏剧出版社，1986年，136页。

士兵，于是就有了篇首那振奋人心的呐喊。

面对美人鱼这种生物，再强的毅力在他们面前也是虚幻徒劳的，只能渴求自己命大不被拖下水而丧命。巴博萨也知道自己身处危险，但他却仍然拉满帆驶向前，朝着自己要到达的目标前进！我想，这是他在第四部深刻打动我的原因之一。每个时代都应该有自己的英雄，而他们的共同点就是"明知山有虎，偏向虎山行"！这让我联想到暑假期间热播的电视剧《新水浒》，宋公明三打祝家庄，其坚定与气势和巴博萨大同小异，为了一口气，而抵上一切！

这种"巴博萨式的前进"冲破了银幕，被带到了我的身边，它告诉我要达到目的，就要不畏一切地向前冲。

崔荻对人物的解读，就是结合情节在进行审美。解读人物在情节中的行为和表现，从而走进人物的心灵。对于人物的表现，小说比电影更自由。譬如小说可以有大量的心理描写，可以以一种"全知视角"直接"陈述"出来，但电影就必须将这种内在的心理活动转化为能够"表演"出来的、可视的动作性画面（对话、表情或动作），而不能直接陈述，要让观众通过这些动作性的画面去揣摩和理解人物的心理活动。所以电影作品中的人物审美，离不开对情节的准确把握。

四、情蕴审美

情蕴，即情感和意蕴。托尔斯泰认为，艺术是情感的传达。艺术大师罗丹也指出艺术就是感情。黑格尔说："只有从心灵生发的，仍继续在心灵的土壤中长着的，受过心灵洗礼的，符合心灵的创造品，才是艺术品。"艺术的本质就是表达人类的情感和思考，影视艺术亦不外乎此。

法国美学家杜夫海纳说："为了对审美对象的本质进行初步研究，我们在指出它有别于生命对象、自然对象以及实用对象的同时，在它身上分辨出三个方面:(1)材料方面,因为材料是付诸知觉的,它具有感性的本质;(2)意义方面,当它进行再现时,它具有观念的本质;(3)当它进行表现时,它就具有情感的本质。"感性的本质,表明审美对象是可供人凭借感官来把握的对象;观念的本质,表明审美对象可以传递"意义"和"思考";情感的本质,表明它从心灵生发,且能触动心灵。

从这三个角度来说,影视作品的情蕴审美,是影视艺术审美的核心任务。

"在观影情绪的发展高潮和欢畅宣泄阶段,有时观众可能获得一种高峰体验。……这时候他的情绪达到了一种狂喜和极乐状态,他的情绪能够得到彻底的释放,尽情的倾泻。高峰体验过后,欣赏者可能获得对自然、对人类、对民族、对父母、对一切帮助主人公获得奇迹的人和事的感恩之情,这种感激之情可能转化为崇拜、信仰、热爱,表现为对一切善良人们的爱,或者报效民族、祖国,献身人类进步事业的渴望。"[1] 当然,也有一些电影作品,看起来并非要传递爱与美,而是在表现人性阴暗的一面和世界丑恶的一面。这是两种类型的作品,前者是审美,后者是审智。

我们到底为了什么而创作?希腊人认为,艺术的最终目的就是表现美。美就是古代艺术家的法律。当然,仅仅以"审美"来定义艺术的本质和功能,未免偏颇。所以我想说的是:我们到底为了什么而创作呢?为了表现爱与美、智慧与真理——要么审美,要么审智。任何形式的艺术,其本质和功能都应该是其中之一或者二者兼备。作为艺术种类之一的影视创作同样如此。

譬如美国的黑色喜剧《楚门的世界》,它向我们展现了一个平凡的小人物是怎样在自己毫不知情的情况下被制造成闻名的电视明星,却完全被剥夺了自由、隐私乃至尊严,成为大众娱乐工业的牺牲品。影片反映了人类的希望和焦虑,同时也因触及当今最敏感的社会问题而备受瞩目。它告诉我们,一定要更加柔韧,要快乐而又顽强地应对出现在我们生活中的一切意外和荒谬。它敦促我们要有正确的判断,敏捷的应对,乐观的心态,坚持的勇气,直到幸福降临。

---

[1] 章柏青、张卫:《电影观众学》,中国电影出版社,1994年,第103页。

要么带给人感动,要么带给人思考,要么审美,要么审智,无论是哪一种,都极具魅力且富有价值。

来看看我的学生对电影作品情蕴的审美发现:

一次的相见,一生的时光
——《忠犬八公》观后感
广州外国语学校高二(1)班　吴梦洁

我以为这是一个充满惊险刺激的故事,一般想到忠犬,都是主人遇到危险然后狗奋不顾身地去救人,最好是在所有人都放弃的时候,一只狗冲进险地把主人救了出来,以此来凸显"忠"这个字。然而跟我想的不同,这是一个温馨的平平淡淡的故事。一位名叫帕克的大学教授在回家路上捡到了一只秋田犬,给它取名叫小八。影片中没有任何危险的场景,明丽的色彩,悠闲的小镇,还有每天接送主人上班的小八构成了这个故事的主旋律。小八每天早上跟教授一起到车站,目送教授上火车后独自回家,每天傍晚在教授下班的时候趴在车站门口的小花坛里等待主人,然后一起回家。闲暇的时候,教授为了训练小八把他扔出去的球捡回来,不惜自己趴在地上学狗把球叼在嘴里,然而无论如何小八都不肯捡球。苦恼的教授跟友人提起此事的时候,友人说:"秋田狗不玩捡球,它们经过训练,和人有特殊的联系,必须有特别的理由它才会捡球。"教授笑着说"我会找出原因",却并未重视。有一天早晨,教授出门的时候小八无论如何也不肯出门,甚至一反常态地叼起了以前不屑于玩的球希望可以拖延时间让主人不要去上班。然而教授并未理解小八,依旧上了火车。也正是这一天,教授正在上课的时候突然猝死在讲台上。

这是电影的一个转折点,我原以为小八会追随教授而去,却没料到它仍旧每天傍晚趴在车站前的小花坛里等待教授的归来。我渐渐明白,原来"忠"这个字,不是什么为主人牺牲,而是长久的陪伴,不抛弃,不放弃。无论寒冬酷暑,小八每天都趴在花坛里等候,凝视,一天,两天,一年,两年……

十年！直到那个寒冬的夜晚，小八在梦中与主人相见后死去，他在那个小花坛里整整等待了十年。

我时常在想，人与人之间的羁绊到底是脆弱还是坚固，有时候，好像无论什么艰难险阻都不能将两个人分开，然而有时候，也许只是一次争吵，你厌烦了，你和别人之间的羁绊也就断了。最后我得出结论，其实时间才是最无情的杀手，它无时无刻无处不在，慢慢地腐蚀着每个人，再怎样美好的感情也会随着时间的推移消散。然而小八给了我一种强烈的震撼，让我怦然动容。我无法想象一只狗是怎么做到连人也做不到的事情，可是我又觉得好像只有狗，或者其他的一些动物才能做到这样的事情。因为人活在世界上，有太多干扰的因素在，只有动物才能拥有最纯粹的情感，而这种情感是无敌的，没有任何东西能让它动摇，包括时间。

电影中还有一个细节，在小八的眼中，人类的世界是黑白的，只有最后在梦中，小八与教授相见的时候，它第一次看到了主人眼中的世界的颜色。

——"嘿，小八！"

——"汪！"

只为这一次的相见，它可以耗尽一生的时光。

（发表于《求学·高分作文》2012年第9期）

五、台词审美

亚里士多德指出，悲剧是对于一个严肃、完整，有一定长度的行动的摹仿；它的媒介是语言，具有各种悦耳之音，分别在剧的各部分使用；摹仿方式是借人物的动作来表达，而不是采用叙述法……首尾两个分句阐释了"行动"和"动作"——"动作"诉诸观众的视觉；中间的分句则指向台词——"具有各种悦耳之音"的语言，台词诉诸观众的听觉。动作和台词，是构成影视作品的最基本的元素。

台词一般分为对白、独白和旁白。

影视作品中的人物对话跟话剧中夸张的语调不同，它需要保持自然的原态性语调，是情绪的一种自然流露。影视作品中的"对白"不仅要求个性化（什么人说什么话）、动作性（推动情节发展），还要求"对白"本身意蕴的深邃。

譬如《楚门的世界》结尾处的一段对话：

楚门：你是谁？

克里斯托弗：我是创造者，创造了一个受万众欢迎的电视节目。

楚门：那么，我是谁？

克里斯托弗：你就是那个节目的明星。

楚门：什么都是假的？

克里斯托弗：你是真的。所以才有那么多人看你。听我劝告，外面的世界，跟我给你的世界一样的虚假，有一样的谎言，一样的欺诈。但在我的世界，你什么也不用怕。我比你更清楚你自己。

楚门：你无法在我脑内装摄影机！

克里斯托弗：你害怕，所以你不能走。楚门，不要紧，我明白。我看了你的一生。你出生时，我在看你；你学走路时，我在看你；你入学，我在看你；还有你掉第一颗牙齿那一幕……你不能离开，楚门。你属于这里，你可以走出去，跟我一起吧。回答我，说句话。说话！你上了电视，正在向全世界直播！

楚门：假如再碰不见你，祝你早、午、晚都安。

楚门最终选择了走向同样充满谎言和欺诈并且充满未知的真实世界，因为倘若失去了真实与自由，安然无恙地活下去也没什么意义。这段对白充满了哲学意味，充满了对生命与人生的终极思考。

美国小说家亨利·詹姆斯创立的"照明理论"，提出将故事的主要人物置于故事圈的中心，而故事里的所有其他人都在外圈围绕着他。每当某个人物和主要人物发生互动时，他（她）就"照亮"了这个主要人物的某个不同的侧面，就像步入一间黑暗的房间时，人们打开房间里各个角落的灯。同样地，电影里的对白能够照亮有关人物的某些特质。对白是电影塑造人物的工具。

《阿甘正传》中阿甘和丹中尉的两处对白，形成鲜明的对比，也相当精彩，动人心弦。一处是丹中尉在战场上失去双腿，被阿甘救回后，自暴自弃并且怨恨阿甘让他不能光荣地死于战场上，他在夜里把阿甘从床铺上扳倒到地上，掐住阿甘的脖子：

丹中尉：现在，听我说，我们都有自己的命运。没有什么事是完全偶然的，它总有缘故。我应该和我的士兵一起死在那儿。但现在，我只是个他妈的残废人，没腿的怪物！看着我！你看见没有？你知不知道，没有腿是什么感觉？

阿甘：（紧张而顺从地）是，长官，我知道。

丹中尉：（暴怒地）你清楚我的话没有？你害了我！我有自己的命运，我本该死在战场上，带着荣誉！那才是我的命运！而你，使我得不到它！（伏在阿甘身旁痛哭起来）你听明白了吗，阿甘？本来不应该是这样，我不应该这样。我有自己的命运。我曾经是……中尉军官，丹·泰勒……

阿甘：你仍然是丹中尉。

丹中尉怨恨暴怒地向阿甘宣泄情绪，阿甘却以一句简单而笃定的话回答他："你仍然是丹中尉。"这句话，一点都不像从所谓"傻瓜"阿甘口中说出来的。

另一处是末尾丹中尉携未婚妻参加阿甘和珍妮的婚礼时两人的对白：

阿甘：丹中尉？

丹中尉：你好，福雷斯。

阿甘：你有双新腿了。（转头向珍妮）新腿！

丹中尉：对，我有双新腿了。是定做的，钛合金的。（用手杖敲敲新腿）航天飞机也是用它造的。

阿甘：（若有所思）魔腿……

丹中尉：（微笑着把身旁的女人拥过来）这位，是我的未婚妻，苏珊。
阿甘：（刮目相看地笑）丹中尉？
苏珊：（甜蜜地笑）嗨，福雷斯。

此刻的丹中尉早已对命运释怀，沉浸在幸福与甜蜜中，他甚至可以乐观坦然地调侃自己的新腿，而阿甘也因此而联想起自己小时候的那双魔腿。生命中无论失去什么都不可怕，只要我们还拥有一颗勇敢乐观的心。这样的台词，意蕴深邃，特别动人。

又譬如《魂断蓝桥》中的一处浪漫的对白：

"和我结婚吧。"
"可你还不了解我。"
"从现在起我会去了解你，用一生的时间。"

还有《这个杀手不太冷》里的一处温暖的对白：

"里昂，我想我已经爱上你了，这是我的初恋，你知道吗？"
"你未恋爱过，怎知道那叫爱情？"
"因为我能感觉得到。"
"哪儿？"
"在我的胃里，感觉很温暖，我以前总觉得那里打结，现在不会了。"

再如《后会无期》中的一处充满哲理的对白：

"小伙子，你应该多出来走走的。"
"可我的世界观和你的不一样！"
"你连世界都没观过，哪来的世界观。"

再如《国王的演讲》中的一处犀利的对白：

"他们是白痴。"
"但他们被封了爵位。"
"那他们就是法定的白痴。"

还有《与魔鬼同行》中一处机智的对白：

"他们抓到那个混蛋了吗？"
"他们就是那些混蛋。"

这些对话，要么照亮人物个性，要么推动情节发展，要么以感性美触动观众，要么以理性美启发观众，要么以机智刺激观众，都是电影里面的点睛之笔。

独白是电影中角色独自抒发感情或表达个人愿望的话，一般由演员独自说出来（类似于自言自语），以表现此时此刻的心理和感情等。比较常见的是剧情独白和心理独白。前者主要是以情节为主，夹杂心理描写；后者是以心理描写为主，适当将剧情等一笔带过。

旁白是影视运作过程中画龙点睛的符号。旁白有时是介绍性和叙述性的，是对相关但无须详述的事件的简要交代；有时是哲理性和抒情性的，这样的旁白极富韵味，触动心灵，发人深思。旁白把各种间断性的画面连续起来，把分散性的镜头融合起来，补全情节，抒发情感，启发思考，表达创作者的价值观和审美取向，它与画面融为一体，富有审美韵味。

譬如《肖申克的救赎》中男二号瑞德的一句旁白："我不得不提醒自己，有些鸟是不能关在笼子里的，它们的羽毛太漂亮了，当它们飞走的时候，你会觉得把它们关起来是种罪恶，但是，它们不在了你会感到寂寞。"又如《美丽人生》末尾以成年后的小男孩的口吻所说的旁白："这是我的经历，这是我父亲所作的牺牲，这是我父亲赐我的恩典。"

好的台词是一部电影的灵魂，它会像星星一样永远闪耀在人们心中。譬如：

这些墙很有趣。刚入狱的时候，你痛恨周围的高墙；慢慢地，你习惯了生活在其中；最终你会发现自己不得不依靠它而生存。这就叫体制化。
希望是一个好东西，也许是最好的，好东西是不会消亡的。
强者自救，圣者渡人。

——《肖申克的救赎》

我们听过无数的道理，却仍旧过不好这一生。
喜欢就会放肆，但爱就是克制。
小孩子才分对错，成年人只看利弊。

——《后会无期》

阻止了我的脚步的，并不是我所看见的东西，而是我所无法看见的那些东西。你明白吗？我看不见的那些。在那个无限蔓延的城市里，什么东西都有，可惟独没有尽头。

——《海上钢琴师》

这个世界缺的不是完美的人，而是从心底给出的真心、正义、无畏与同情。
把自己交给繁忙，得到的是踏实，却不是真实。
有缺陷的战士，终究是战士；完美的苍蝇，永远是苍蝇。
爱你所爱，行你所行，听从你心，无问西东。

——《无问西东》

后来的我们什么都有了，却没有了我们。
幸福不是故事，不幸才是。

——《后来的我们》

什么是权力？当一个人犯了罪，法官依法判他死刑，这不叫权力，这叫正义。

而当一个人同样犯了罪，皇帝可以判他死刑，也可以不判他死刑，于是赦免了他，这就叫权力！

救人一命即拯救全世界。

——《辛德勒名单》

成功的含义不在于要得到什么，而在于你从那个奋斗的起点走了多远。

人们称之为"瑕疵"，但其实不然。"不完美"那才是好东西，能选择让谁进入我们的世界。

你很强壮，谈到战争，你会说出莎士比亚的话"共赴战场，亲爱的朋友"，但你从未参与过战争，从未把好友的头抱在膝盖上，看着他吐出最后一口气，用求助的目光望向你。

你花一万五所受的教育，我用一块五就能在公共图书馆得到。

——《心灵捕手》

能力越大，责任越大。

不管我们面对什么处境，不管我们的内心多么矛盾，我们总有选择，我们是什么样的人，取决于我们选择做什么样的人。

如果你没了它什么都不是，那你就不配拥有它。

——《蜘蛛侠》

往往是一个镜头、人物的一个选择，或者仅仅一句台词，就能触动我们的心灵，引发我们的思考。我的学生大量的影评，就是这样产生的。